普及版

覚悟の生前整理

あした死んでもいい片づけ

実践!

お片づけ大人気ブログ『ごんおばちゃまの暮らし方』主宰
ごんおばちゃま

モノがいっぱい。

モノがあふれて
散らかっている。

片づけても片づけても
すぐ散らかってくる。

なぜ、どうして？？

つまり……
あなたの家や
部屋には
モノが多いんですよ。
モノは必要最小限でいい。

これが最後だという
究極の片づけしてみませんか？

覚悟の生前整理をしたら
モノは必要最小限になります。

片づけてもすぐ死ぬわけじゃないし
その後の人生は何倍も
暮らしやすくなりますよ。

ごんおば
ちゃま

大丈夫、この本に具体的な方法も
しっかり書きました。

実践あした死んでもいい片づけです。

START

さあ、ページを
読み進めてみてください。

はじめまして（ブログのみなさん、こんにちは）

こんにちは。私は大阪に住んでいる主婦で、ごんおばちゃまと申します。『ごんおばちゃまの暮らし方』というブログで、片づけやお掃除を読者のみなさんと一緒に行っております。

私たちは年齢を重ね、気がつけば1人、夫婦2人、あるいは親の介護を迎える時期に来ています。

そのときそのときで生活も、人間関係も、変化していきます。

生活のスタイルは節目、節目で変わります。自分もまわりの人たちも変わったはずなのに、必要のなくなった前のモノはまだそのまんまあるというややこしいいまの暮らし。

そして、家族は減ったのにモノは減るどころかどんどん増え続けているというおかしな現実。

使うモノと使わないモノとが入り乱れているのは非常に暮らしにくいものです。この増え過ぎたモノをなんとかしたい、すっきりして暮らしたいと思うのはしごく当たり前のことだと思います。


それではこの状態をどうすればいいのでしょう。

まずはあなたが動くことです。ここからすべてがはじまります。

なにもしないで片づく夢ばかり見ていても、なに1つ片づきません。

あなたは、溢れる荷物を眺めながらため息をついて悩んでいるだけではありませんか？　思い悩んでいるだけではダメです。あなたが動かねばなにも動きません。

すぐに動きましょう。

この状態をなんとかしたいと思ったいま、このときを逃さず、しっかり生前整理をすれば必ずきれいに片づきます。

年齢にかかわらず、思い立ったいまが生前整理のときなのです。


生前整理とは財産や家など諸々のことを誰に譲るのか、お墓などをどうするかといったことでもありますが、この本では主に「生きている間に不要なモノを処分し、残りの人生を心行くまで謳歌しよう！」ということを目的としています。

老前整理を含む広義の意味でとらえていただけたらと思います。


この生前整理は、いままでの片づけとは違います。

生前整理と銘打って片づけるのですから、それなりの覚悟が必要です。おどおどしていてはいけません。気持ちをしっかり持つことが大切です。私はこれ

を「覚悟の生前整理」と呼び、あなたの生前整理を応援したいという思いから
この本を執筆いたしました。またしっかり、片づける方法も書きました。
お陰様で先に出版させていただきました片づけ本『普及版　あした死んでも
いい片づけ』の実践編にもなります。
どうすれば、「覚悟の生前整理」を実践できるのか、について書かせていた
だきました。

これが最後と思えば本当に残すものは必要最小限でいい。
1度不要品と判定したモノには、未練を残さない。
迷いながらも思い切りも必要です。
最後は金額でなく自分にとって使いやすいモノ。ずっと愛でていきたいモ
ノ。そんなもモノをほんの少し残します。
もちろん生前整理が終わったらすぐ死ぬ、というわけではありません。

このの人生はきっといまより何倍も暮らしやすく、穏やかな生き方になるはずです。ごんおばちゃまが提案するのは、これが最後だという究極の片づけ、つまり覚悟の片づけです。

病は気からと申します。

気の持ちようで人はどうにでもなります。

あなたがこれが最後だと思って覚悟の片づけをしたなら、その気持ちに応えるように不要なモノはすっかりなくなってしまうでしょう。

ごんおばちゃまはあなたの生前整理を全力で応援していきます。

ネコちゃんやほかの動物たちも本書の中で応援していきます。

大丈夫です。

1日たった30分だけの片づけですので、体力もいりません。それでも、わずか30分ですが片づけに集中することで、確実に1歩ずつ進んでいきます。「あとがない」という気持ちで行きます。中途半端ではダメです。残された人に迷惑をかけたくないという強い思いを持たないと、いつまでも中途半端にモノを持つことになります。

毎日たった30分の片づけをすることで必ず家は変わります。一気に頑張らなくてもいい片づけ。一気にできない分、コツコツきちっとやっていきます。

普通の片づけではなく、これが最後の覚悟の片づけです。とことん頑張ってみてください。

ごんおばちゃま

『普及版 あした死んでもいい片づけ 実践！』刊行によせて

この本の執筆をしたのはちょうど5年前になります。母が亡くなって数か月後にこの本が出版されました。執筆中、亡くなったばかりの母のことを思い、溢れる涙に何度も手が止まりました。

人の一生、自分の一生。「死」はいつどんな風に自分に与えられるのかわかりません。しかし生きているうちは自分の生き方は自分で決めることができます。

「いや、運命には逆らえない」とか言う人もいますが、どんな風に考えるかで自分の生き方を自分で舵を取ることができるのではないかと思います。他人任せや、成り行き任せの人生がいいとは私は思いません。

できれば「こうありたい」と思う生き方をしたいものです。そうすれば「死」が「あした」であっても後悔はないと思うのです。いつどんなときでも「いつでもどうぞ。私は大丈夫」と言えたらいいなと思います。

この5年の間に大きな出来事がありました。

台風は尋常ではない被害をもたらしました。たくさんの方が家を失ったり、亡くなられたり、家が壊されたりで、それはそれは大災害でした。

そしていま、まさにウイルスで世界中の人たちがおののく……そんなことが起こっています。

平穏が当たり前の生活が本当に奇跡の様な時代になってきている……。

台風で、地震で、ウイルスで、人生の最期がある日突然ぷつんと切れるなんて……自分の人生に考えられるでしょうか。

いいえ、到底考えられないです。

しかし現実にはあり得るのです。世界のどこか1か所で発生したウイルスが瞬く間に世界中を駆け巡る。

交通事故や病気、老衰といったいままでの死もありましょうが、もっと明確にいつ死んでもおかしくないということが現実に起こっています。

こんな不安定な時代だからこそ、「せめて普段の生活は穏やかでありたい」。平穏な暮らしこそが本当の幸せなんだと確信が持てるのではないでしょうか。

暮らしはいらないモノがあればあるほどその不要なモノに支配されていきます。

「片づけなければ……」「片づけなければ……」といつも頭の中で思っているあなたであるなら、早く片づけてしまいましょう。

生前整理というこの大掛かりな片づけは、覚悟がなければやり切れない！

そんな風に思います。しかし覚悟を持ったなら、やり切れる!
秘かに胸の奥で闘志を燃やす……覚悟した人は強いです。
この片づけは生きるための片づけです。私はぜひ残りの人生最期まで楽しく
なんの憂いもなく暮らしていただきたい。
その様に願っております。

目次

第3章 どんなモノを抜けばいいの 109

目次

第4章 理想の暮らしを作る方法……139

目次

第5章 片づけから解放される …… 161

目次

目次

この本の使い方

①ご自分でカリキュラムを作ります（作り方は91ページ）。

②自分流ですから自分でコントロールをしっかりする（今日はやめておくはあかんよ）。

③今日のポイントは「これ」という目標を必ず持つようにする。

最後までコツコツ、しかしいままでとは違うと心に決めてやること。そうす

れば必ず道は開けます。おばちゃまのこれまでの様な「今日はこれですよ〜」という誘導はありませんが、あなたの作ったカリキュラムはぼんやりする暇もないでしょうからサクサク進むはずです。なにかくじけそうになったら本に戻ってチェックしてくださいね。あなたにピタッと来るところがきっとあるはず！

※最初に読んだとき気になったところに付箋を付けておくと、読み返すときに付箋のところをまず読めば悩みが解決するかもしれません。

私はその方法で気になるところにまず付箋を付けていきます。そのあとノートにそれを拾い上げて書いていくと頭によく入っていいですよ。

抜くってなに？

この本の中には「抜く」という言葉がたくさん出てきます。初めての方は「なに？」と思われるでしょうね。これから先も「抜く」の説明は出てきますが少し説明させていただきますと、ごんおばちゃまの「抜く」とは、片づける際に人に譲ったり、使えるモノは売ったり、災害などで困っている方への支援物資にしたり、壊れてどうしようもないモノは捨てたりする、これら**家から外へ出す行為を抜くと言います。**

不要なモノを抜かずに置いておくとモノが溜まり身動きできなくなります。抜くことで家の中も自分の気持ちもいままでと全く違ってきます。不要なモノを抜いてすっきりさせましょう。

支援物資
譲る
「抜く」とは
売る
買取
捨てる
捨てる

あした死んでもいい片づけ
実践！

第1章

モノは、必要最小限でいい

あした死んでもいいように覚悟を決めて

片づけをしようにも、最大の難問はモノが多いことです。三途の川を渡るとき、なに1つ持っていけないのですから、この世のモノはこの世で完結させねばなりません。

自分のモノは自分でできるだけ行先を決めましょう。そのためにはいつ、どうするか。死んでしまってはおしまい。とにかく体が動けるうちにやりはじめます。

ごんおばちゃま流の片づけはシンプルです。**30分タイマーをかけて、使っていないモノを抜くだけ**です。タイマーが鳴れば終了です。**整理整頓はしません。**あと片づけもしないでそこでストップ。ですから整理整頓しなくていいのでとても気が楽です。

このやり方はモノと対峙して1つ1つ抜いていきます。ただの片づけではなく、あとがないつもりで覚悟の片づけをしてください。覚悟を決めれば当然いままでとは違った片づけになります。**「自分の始末は自分でする」「子供たちの手をできるだけ煩わせない」**。そんなつもりで抜きます。徹底的に不要なモノは残さない。抜きます。いま使う分だけを自分の身のまわりに置く。するとこれから先の暮らしが「モノがなくても幸せ」と思えるものに変わっていきます。

「使うか使わないか」を振り分けるポイント

これからはいるモノいらないモノというモノの線引きではなく、「使うか、使わないか」の振り分けで抜いていきます。どう違うかと言いますと、いる、いらないは、気持ちの問題です。気持ち的に「いるわ」と思えば壊れていても抜けません。しかし**「使う、使わない」はシビアに現状に応じて決定すること**です。ですから使っていないモノを確実にスムーズに抜くことができるようになります。

こうして考え方を少し変えるだけでかなり抜きがしっかりしてきます。

以前3つある電気ストーブの片づけをしました。

最初は「部屋が3つあるから3つとも必要」と取っておこうとしました。

しかし、誰も使っていない部屋でストーブを使うことはないと気づきました。いままでは「いるかいらないか」が判断基準だったのが、「使うか使わないか」を判断基準にした途端、「2つでいい」と1つ抜くことができました。使っていないモノはどんなモノでも風化していきます。土に還らないプラスチックでも割れたり、色が変わったりします。鉄なら錆びます。布なら色が変わって朽ちます。長くしまっていると使いたくない状態になってしまいます。「使うモノ」かどうかしっかり対峙して、使わないモノは必ず抜いていきましょう。

こんなあなたのために書きました

□いままでずっと片づける努力をしてきたのに片づかない……。
□モノがあり過ぎてどこから、なにから手を付ければいいのかわからない……。
□片づけたいのに気持ちがついていかず片づけられない……。
□一気にやる気力も体力もない。
□あれこれどうしたらいいか迷い、あっちこっち手を出すのだけれど片づかないので嫌になってしまった。

□ **自分は片づけられない人だと思う……。**

大丈夫！

それらはすべて解消されます。

「片づけ」の3つの基本

ごんおばちゃまの片づけメソッドとは

1. 30分だけの片づけ（タイマーを使って時間厳守）。

2. することは抜くことだけ（整理整頓はずっと先）。

＊抜くとは、①譲る　②売る　③支援物資にする　④捨てる

3. 人のモノには決して手を付けません（お約束事です）。

たったこれだけのシンプルな片づけです。

不要品は家から外に出して初めて抜いたことになります。家の中にあるうちは現状はなんら変わりませんので、しっかり家の外まで出して抜きを完了させましょう。

「片づけ」の3つの約束事

1. 30分のタイマーが鳴ったら必ずやめる。
（30分以上は抜き作業をしない）

2. 抜きながら4つの行き先の分別を同時にする。
捨てるモノは捨てられるように、譲るモノはすぐに譲れるようにあらか

じめ段ボールやゴミ袋を用意し、支援物資も売るモノもきちっと分別していきます。抜きながら分別していきますので二度手間にならずに済みます。

3. 細切れでもいいので合計30分。

体力的に30分片づけるのは無理だったり、忙しかったり、持病のある方にも、細切れの30分は有効です。疲れると休憩できるのはうれしいですよね。30分という時間制限を設けたのは、やり過ぎるとその日は思いっ切りやれても、反動で次回、次々回はやりたくないという心理的なものが作用します。これまで途中で挫折した人は、それで片づけが続かないという残念なことになっていたのではないでしょうか。

ごんおばちゃま流は**「まだやれる」（30分）というところでやめます。**そうすると次が楽しみになります。そして疲れません。いままで片づけを頑張った次の日、「疲れた〜」という記憶のほうが強く残ってしまいませんでしたか？

そして「もうやめた!」となりませんでしたか? それを防ぐための30分時間厳守です。守ることで長続きします。継続は大きな力となって、たとえ30分でも続けた結果、すっきりした暮らしになります。この30分というのが人が集中できる最適の時間です。

わずか30分ですが侮るなかれ、いろんなことができますよ。たかが30分、されど30分。家の中のモノが減るだけではなく、あなたの心の中まで霧が晴れたような気持ちにさせること間違いなしです。いまから頑張って抜きに専念しましょう。

なぜいままで片づかなかったのか?

いままでずっと片づけていたのに、片づいていないのはなぜなのでしょう?

それはね、**なにが大事かなにが大事でないのかがわかっていないから**ではないかしら？　それではおいそれとは捨てられません。

捨ててしまったら、あるいは人にあげてしまうと将来また必要になるときがくるんじゃないだろうかと、不安になり手が付けられない。「これから先、まだいるかもしれない」。そう考えれば確かに捨てることも、譲ることもできなくて、そしてなにより「まだどこも傷んでいなくて使えるモノ」だったらなおのこと、そのまま手を付けられないのかもしれません。

自分にとってなにが大事か、そうでないかを掘り下げてみることは重要なことです。それがわかっていないと片づけは混乱します。

家にあるモノすべてが同じように大事だと思っているなら、なにも捨てられなくてもなんら不思議ではありません。

それでは家が片づかないのは当然です。これではせっかく片づける気持ちがあってもちっともモノは減らず、結局片づかない。それが心のもやもやになります。

この機会に、片づけを通して自分にとってなにが大事なのかを見つけ出すよう、しっかり自分とモノとの関係を見つめ直してみましょう。

しかし現実として、目の前にモノがたくさんあると「モノを吟味して持つ」というのは難しいと感じるかもしれません。それでも時間をかけ、モノと1つ1つ対峙することでだんだん判断できるようになります。これが繰り返し行うごんおばちゃま流のメソッドです。続けていけば徐々に頭の中がすっきりして、抜きがどんどん加速していきます。

「片づけ」は1日たった30分

体の問題は大きな問題です。動けなくなってから片づけようとは誰しも思わないもの。もう生きるだけで精いっぱい。

片づけたいと思ったそのとき、片づける力が湧いてくるのです。このときには片づけをあと押しする強い心もしっかり備わっています。

とにかくこの本を手に取っていただいたあなただからこそ「いまでしょ！」。たった30分です。誰でもやれます。大事なのは、やろうと思ったこのときをしっかりキャッチして前に進むことです。

30分意識を集中してしっかり抜いていきます。

30分!!
え?!
もう?
Pi Pi Pi

「片づけ」は過去との決別

淡々と生きてきたここ何十年……。いいのです。

いま気がついたのですから。私だって60歳を超えています。いくつになっても、ちょっとしたきっかけでいままで見えなかったモノが見えてくるようになります。

片づけと言っても、**ただ片づけるのではなく、いままでのもやもやとした過去との決別**なのです。片づけを意識しなければ抜くこともせず、過去を引きずったままかもしれません。誰のためでもなく自分のために。

自分が幸せにならずしてどうしてまわりに幸せをふりまいてあげることができましょうか。そんな大それたことを考えなくてもいいのですが。

とにかく物事を意識しだすと自分の行動にシャキッと1本筋が通ってきますよ。

「片をつける」ということ

曖昧に片づけていたときと違って、最後の生前整理はものの見事に片がついていきます。娘、息子、嫁、親戚、エトセトラ……に遺品整理として任せたくない。そういう気持ちになればおのずと余分なモノは残さないことになります。

10年間、私の母は施設にいました。

そして最後はなに1つ持たず、この世から旅立ちました。なんとも潔い生き方、死に方だったことでしょう……。

すべてに片をつけて私たち家族とも十分なお別れをして旅立ちました。

私が母の生きている間に母のモノを生前整理することになり、こうしてあなたに**生前整理の大切さ**をお話ししているのもなにかの縁ね。

あなたの生前整理が、きっとこれからのあなたの人生を有意義なものにしてくれるはずです。

ママ…

モノを大切にすること

それは日本人の最も得意とするところでしょう。しかし昨今ややそれも怪しくなってきました。**たくさんモノがあり過ぎ**て大事にしなくなってきているように思います。モノが多いか少ないかで違うようです。

いま、あなたの家の中にある多くのモノの中には、あなたに使ってもらいたくて待っているモノがあるはずです。モノが多いことでそれをあなたは見つけられずにいます。そういった**本当に大事なモノを見つけましょう。**そのためにも不要な雑多なモノはしっかり抜いていきます。

そうすることであなたに選ばれしモノたちは、最後まで使い切ってもらうことができます。モノが多いと使い切るのは難しいです。

大切なのはモノに対して愛情を持ち大切に丁寧に扱うことです。**納得がいくまで使い切る**ことで心が落ち着きます。大切なモノを使い終わって代わりのモノを探し求めるとき、自分の使いたいモノはすでにはっきりしていますので迷わなくなります。どんなにたくさんの種類があってもその中からたった1つだけ、あなたの望むモノを選ぶことができます。これからはもうモノに惑わされることがなくなるでしょう。

モノはしっかり使い切る

大事なことは最後まで使い切るということ。私たちの体も最後まで燃え尽きるまで使い切りたいものですね。

モノもそうありたいものです。手元に残ったモノには愛情を注ぎ、失くさないことです。そばに置いて使うことです。消しゴム1つ、めがね1つ……。それには使い切れる分だけ残し、残りはしっかり抜くことです。あれもこれもと抱え込んでいるうちはモノにそれほど愛情も湧かないはずです。「これは愛情が湧く」というモノだけ残していきます。**高いか安いかではなく自分が使って気持ちがいいモノを手元に置きましょう。**

新作が出たら必ず買う人は古くなったモノは一体どうしているのでしょう？2、3年で古くなったとしても気にせずどんどん使えばいいと思いますが、それはいまのトレンドに後れを取っているということなのかしら。それはもったいないわね。

私は40代から取り立ててブランド品を買わなくなりました。むしろブランド品を避けていたかもしれません。理由は自分に似合うとは思わなかったし、メンテナンスが面倒なこと、お値段が高いこと。最近は「この人が作ったモノ」といった顔の見えるモノを買うのが好きになりました。1つ1つ愛情を持って丁寧に作られた品物は温かく優しく包んでくれるような気がします。それは決して高価なものではなくて（高価なものもありますが）、できるだけ背伸びをせず身の丈に合ったモノを選ぶようにしています。

そうすると**ありがたく使い切る**ことができます。作り手さんの気持ちが伝わってきて大事に使い、長くそばに置いていきたいと思います。そんなモノって、実は修理もしてもらえたりするので、長く使えてほんと、うれしいですね。

モノは覚えられるくらい少なく

普段の暮らしからモノを厳選して持つと、「たんすの引き出し○段目にあるから○○持ってきて」の急なお願いも、**どこになにがあるかわかって**いますので指定できます。頼まれた人も迷わず、すぐに見つけてもらえてスムーズに事が運びます。そんな暮らし方ができれば楽ですね。**楽がいい**です。若いころならどんなにモノが多くても、モノは多い中からでもすぐに取り出せたかもしれません。しかし、年齢がかさむとしっかり「ここに置く」と決めていても、記憶が定かではなくなってきます。

だからこそ、普段の生活でしっかり記憶に残るほどの少ないモノがいいのです。普段から自分の身のまわりは簡素にしていきたいものです。

モノにも役割がある

一定期間使ったあと、見向きもされなくなったモノは役割が終わったと考えていいと思います。ですから**役割が終わったなら使っていただけるところに回したり、オークションに出したり**して使ってもらえるようにします。使えるうちに気持ちよく**家から送り出してあげます。**自分の家に抱え込んでいてもモノは朽ちていくだけです。よそで使っていただければモノ自身も役割を全うして最後まで使い切ってもらえます。

しかし、そんな「オークションなんて手続きが難しくてできないわ」という方はほかの選択肢の中から選んで抜きます。そこは自分のやりやすい方法で手放していきます。

モノが減らない本当の理由

使わないモノを長い間大事にしまっていること。いつか使うかもしれないからと、取っておく。まだ使えるから取っておく。そして、使い切れないストック品がたくさんある。家の中に動かないモノがたくさんある（家具以外）。

こういったことがモノが減らない原因です。これらが多ければ多いほど家の中は片づかないのです。

例：使っていない炬燵、ホットカーペット、壊れかけた石油ストーブ。卓上電気スタンド（子供が使っていたもの）、結婚式場で点火したろうそく。思い出のウェディングドレス（それに関係する下着一式）、赤ちゃんのときに使ったバスタブ。メリーゴーランド等の赤ちゃんグッズ（すでに子供は大人）。ランドセル。机。子供の洋服ダンス。ベッド。使わなくなった鏡台。ジューサー。ミキサー……。

挙げていけばきりがありません。使っていないモノは抜きましょう。これらを思い出のモノとして持っているうちは生前整理にはなりません。

モノにもお金がかかってくる

あなたの家のストックの量はどれぐらい？　モノの管理が苦手な人は、**ストック品を持たない**ようにするとストックの量を調べなくてもいいので楽ちんです。これからはいまあるモノがなくなりかけたら「購入」という形です。ストックゼロですからまとめて置く収納場所も不要です（収納場所がない人も置く場所を探さなくて済みます）。それにストック品は持てば持つほどお金がかかるということをお忘れなく。**ストックする場所にもお金がかかっています。**

それにそのストック品をこれから先も使うかどうかもわかりません。いいモノが出たときそちらを使いたくなって新しく買う……などもったいないことになってしまいます。あなたはストックが多いことで「まだたくさんあるから」

と気が大きくなって、贅沢な使い方をしたことはありませんか。結局**必要なときその都度買う**ほうが賢いです。

安いからといっぱい買っても使わなければ結局高くつくことになります。

モノを抜くと貧乏になる？

モノのない時代は確かに家の中ががらんとしていました。どこのお宅もそのようでした。それからモノが入ってくるようになると今度はモノがないことが恥ずかしかったものです。

3種の神器などテレビ、洗濯機、冷蔵庫は当時あこがれの的でした。持っている人がうらやましいという時代の名残で、モノがないことを恥じる部分もあるかもしれません。

しかし恥じることはありません。私たちは**あえて「持たない」という選択**をしているのです。しかも生前整理という究極の選択です。

モノの選別はこれで決める

優柔不断に陥らず、確固たる気持ちで**モノを減らしてゆったりした生活、探し物のない生活**を勝ち取りましょう。

ややもすると、あまりの使えるモノのオンパレードで心が萎えてしまいそう……。大事なのはモノではありません。優先順位は人です。自分や家族が楽に楽しく暮らせることです。優柔不断はいけません。

モノが大事で、あれもこれもと確実に不要品であっても抜けない！　そんな生き方では人が押しつぶされます。それでは一生、モノの中で埋もれて生きていかねばなりません。

「なにかに使えるかも」がゴミになる

「捨てよう」と思っても「なにかに使える」、そう考えて取っておくそうめんの木箱、包装紙、洋服、色あせたカーテン、使い古したシーツ、不揃いの食器たち……。その品物を1か所に集めてしまっているなら、**それらのモノがいかに多いか**簡単に気がつくのでしょうが、日ごろ使うモノのそばに（すぐに取り出して使えるようにと）置いているから、モノが増えているのに気づかないのです。新しく買って古いモノを留めているということは、つまりモノが増えているということです。「うちは収納場所が狭い」とよく聞きますが、もともと狭い収納場所を捨て切れないモノで溢れさせていませんか。

「なにかに使える」ために取っておいた中から、果たしてどれくらい利用したモノがあるでしょうか？　あなたが思っているほど活用されなかったのではないですか？　あったとしてもたくさん取っておいた中のほんの1つか2つぐらいでしょう。リサイクルする、リメイクする……と、取っておいたモノが家の中で吹き溜まりに溜まり、だんだん家中を圧迫してきます。

布の好きな人はパッチワークにと小さな端切れも捨てられません。

しかし、じっくり座ってそれらを使ってリメイクする時間もゆとりもない。使ったとしても持っているモノの中からほんの少し……ではないですか？　結局溜まった布を見て「なんとかせねば、作らねば」と自分を追い立てることになり、それがストレスになります。段ボールの中のいっぱいの布。あるいは収納の扉を開けると布、布、布……。布は好きな人にとってはどんな小さな端切れでも宝物。しかし宝の山も使わなければただのゴミです。まして、体の自由がきかなくなってからでは捨てようにも捨てられません。現在使っていないな

かわいいハギレをとっておいていつかお人形つくるの♡
この紙袋もいつか…いつか…

ら、今後は「リサイクル」はしないと考えましょう。

「なにかに使える」はないと思ってください。

あなたが使わなかったモノを人にあげるのも気が引けるものです。それに、あげる人を探している時間ずっとそこにあります。それでは家は片づきません。

「まだ使える」と取っておいたモノたちを集めてすべて抜きます。そうしないと、おそらくこの大プロジェクトは終結を迎えることはないでしょう。

家の中からこれらの（まだ使えると取っておいた）すべてのモノを抜いたとき、とても心が軽くなるはずです。

これまで残しておいたこれらのモノが心をがんじがらめにしていました。実はがんじがらめにしていたのはモノではなく自分だったと気づきます。だってモノを取っておいたのは自分ですから。

モノを取っておいたのも自分、捨てるのも自分。

誰でもなく、モノでもなく自分です。

漠然と「使える！」と思ったときは使わないと思ってください。使うときは「これはあれに使う」と確実に思い描いたときだけです。それでも使おうと思っていても時間がなかったりすると忘れてしまいます。もし忘れてそのままある場合は抜いてしまいましょう。

身のまわりこそすっきり！

自分のいつもいる場所に必要なモノを持ってくる。年を取るとみなさんそのようになってきます。そうであっても、やっぱりモノは減らすことです。鉛筆は何本もいりません。使うのは1度に1つ。ちびた鉛筆を大事に箱にいっぱい入れていても、あなたがいなくなればいつかは誰かに捨てられます。それなら**使いやすい鉛筆を数本**残し、あとは自分でさっさと抜きましょう。鉛筆に限らずなんでもそうです。身のまわりの**使っていないモノは抜きます。**そうすると空間ができます。空間ができてもほかのモノを決して入れないでそのままにしておきます。**空間はゆとり**です。

病院でもらってくる薬も、まだたくさん残っているなら「家にたくさん残っているから今回はいりません」と正直に言いましょう。そうすると、昔と違ってすんなり「じゃあ今月は大丈夫なんですね」と言われて、処方箋を出してもらわなくて済みます。薬もお金です。最近ある女性が病院でもらった薬を全く飲んでいなくて家の中に何年分もの薬があったというニュースが流れました。

計算してみると国が支払ったお金は数千万円にも及んだそうな。大ごとですね。「先生の言うことを聞いていないと思われる」「怒られる」と思ったのでしょうか。昔の先生は怖かったですものね。

話はいらぬ方向に行きましたが、**薬もいらなければ断り**、必要な薬はしっかり飲んでストックはあまり持たないようにしましょう。毎月薬をもらいに行く人は飲まなければすぐ溜まります。飲まないモノは頂かないこと。

自然治癒力を信じている私はできるだけ薬は飲みません。**風邪は一晩寝れば治ります。**それでもしんどいときは漢方の力で自分の持っている治癒力を引き出してもらっています。

私は自分の力を信じる派です。自然がいい。生きることも死ぬときも私なりですが一生懸命です。

話は飛びましたが、**自分のテリトリーの中のモノは厳選**しましょう。そうすると気持ちも頭もすっきりします。

身のまわりこそ毎日目にするところですので、そこがごちゃごちゃモノで溢れていては頭の中は整理されません。モノがないということで視界がすっきり、心もすっきりします。

「たしかこのへんに……」というのを確実になくしましょう。

探し物は疲れますね。

引っ越しはモノを減らすチャンス

引っ越しはチャンスです。思いっ切り減らして引っ越しましょう。「いるかもしれないから」と持ってきたモノが開かずの段ボールになることもあります。「いるかもしれない」は「いらないかもしれない」の代表選手の様なものです。いるか、いらないかではなく、何度も申しますが「使うか使わないか」を基準に考えます。**判断できなかったモノは不要品**と考えていい。それは抜いていいと思います。できるだけ引っ越し荷物は少なめにする。判断できないモノを持っていくことで荷造りの手間も時間もかかります。そしてただでさえ引っ越しはお金がかかるのでなおのことです。**余分なモノにお金をかけるのは本当にもったいない**話です。引っ越し先が決まっているのですから、そこの収納場所に入る品物以下で持っていくのがベストです。

引っ越して荷物をひも解いていくと家の中が家具だらけになってどうにも動きが取れない。わくわくして引っ越してきたはずの新しい家が暮らしにくい。

そうならないようしっかり考えてできるだけ少なめに持っていきましょう。

引っ越しはモノ減らしの絶好のチャンスです。しっかり抜いて身軽になって小ざっぱりしたシンプルな暮らしを手に入れたいものです。

生前整理は究極の抜き

生前整理も老前整理も自分でやり遂げることができれば、自分にも残された者にとってもベストなことです。

業者に頼むにしても抜くかどうかの判断は自分で下さなければなりません。

それなら自分で片づければ業者に大金を支払わずに済みます。倹約になります。しかも自分ですればモノとの別れもしっかり見極めてできるので、やり遂げればかなりの充実感を味わうことができます。

お住まいの市区町村によっては無料で粗大ゴミを収集してくれるところもあります。自己搬入すれば10キロ100円のところもあれば、行政によって45リットル袋や粗大ゴミシールを購入するところもあります。大きなモノは、もっと高くなると考えておけばいいでしょう。あらかじめ**お住まいの地域でのゴミ収集を調べて、しっかり活用**しましょう。

使えるモノを抜くのは気が引ける……。

できれば全部最後まで使いたいのが人の道。それが美徳ではありますが、足の踏み場もないほどモノがあったり、探し物に何日もかかっていては本末転倒です。それにすべてを使い切れるほど人生長いのでしょうか……。それも疑問です。そして片づけずに死んだとしたらこの荷物は一体どなたが処分するのでしょうか？　宝の山ならいざ知らず、誰もが持っているモノをありがたがって二重に抱え込む人はいまどきいません。自分のモノだけで手いっぱい。残ったモノはほぼ全部ゴミとして処分されるだけです。**「あした死んでもいい」と思えるよう、使わないモノは家に残さず、きちんと行く道を決めてあげましょう。**

本当に必要なのは特別なモノ

日本は地震国。震災があったら……と考えてしまいがちですが、**トイレットペーパー**も水が出なければ使えません。たくさんのストックは無用でしょう。ライフラインの復旧も日本は早いと聞きます。本当に必要なモノだけ確保しましょう。**持病がある人は薬。赤ちゃんのいらっしゃるところはミルク、おむつ……など。**

あした死んでもいい片づけ
実践！

第2章

さあ、覚悟の片づけ計画スタート

まず自分のことをチェックしてみます

自分はどんなことに興味があるのか？
どんなものが好きなのか？

誰と話していると気が休まるのか？
なにをしているときが楽しいのか？
友達は多いのか、少ないのか？
家族がいるなら家族との時間はどんな風に過ごしているのか？
自宅以外の家や建物でどこが好きなのか？
そんなことをチェックしていけば、自分がどんな生き方をしてきたのかがわかります。

あなたが好きなものはなんですか？

□**音楽や映画が好き**

部屋にあるのはＣＤや好きな楽器、楽譜、ステレオ。映画館に行ったり、パンフレットを眺めるのが好きだったり。好きな音楽や映画にまつわるモノを自然と多く持っています。

□**旅行が好き**

旅行には車で行きたいので自家用車を持っています。地図、旅のしおりや旅行用トランク、バッグ、旅行グッズを持っています。

□**本を読んでいるときが一番幸せ**

家には本がいっぱいあります。数百冊あるいは数千冊、本棚にいっぱい入っています。本棚にしまい切れずあちこちに山積みしています。たまに図書館からも借りてきます。大好きな本のために家もリフォームしようと考えています。

□ 料理を作るのが大好き

料理をきれいに見せる食器や、テーブルセッティングのクロスやマットも季節や行事ごとに揃えています。料理の腕を上げるためにいろいろな道具も持っています。香辛料も料理に合わせてたくさん持っています。もちろん料理の本もたくさん持っています。

こうして自分の好みや、考え方、生き方によって、持つモノが人によって違ってきます。たくさん好きなことがあって、どれもこれも手元に置きたいとなると、モノが多くなるのはごくごく自然なことです。**いま1番自分が興味があることに焦点を合わせ、それ以外のモノを減らす**方向で考えてみましょう。家をモノで圧迫しているのはあなたの生き方なのです。

気がつきましたか？　すっきり暮らしたいと思っているあなた自身があれもこれもと抱え込んでいるうちはモノは減りません。これから先、モノを減らして時間を有効に使って楽に暮らす。そんな方向性で考えてみましょう。

人によって持っているモノも家族の数も家の大きさも違います。もちろん悩みもそれぞれです。そこで自分で自分用のカリキュラムを作ります。

最後の片づけ計画を作ります

カレンダー、あるいはノート（パソコンができる人はパソコンもＯＫ）に、**自分だけのカリキュラム**を立てていきます。

まずは、片づけたいと思うところから計画していきます。

片づけたい箇所のピックアップからはじめます。

押入れ、リビング、納戸、客間、子供の部屋、玄関、趣味の部屋、和室、ベランダ、エトセトラ……（カリキュラムの中に１回しかしないところがあってもいい)。

同じところを連続して組み込まないようにする。

1か月に片づける場所は6か所から8か所。カリキュラムでは同じところを1週間に1度の割合で組んでいきます。

慣れてきたら掃除も組み込むとよいでしょう。掃除を組み込む場合は18日間ではなく、20日から22日間ぐらいに設定するといいでしょう(いままでは片づけと掃除は別個に考えていましたが、応用して楽にしてみました)。


どうして同じところは1週間に1度なのか? 連続してもいいのでは? と思いますよね。

それはね、同じ抜くにしても、連続して抜くより間を空けることによって抜きの効果が大きくなるからなのです。取っておくつもりのモノでも時間が経てば、抜いてもいいと思うようになってきます。間隔を空けることで抜きやすい脳の状態を作り出すのです。そして毎日連続して同じところを抜くと、たとえ30分でも飽きてきます。飽きないように毎回違うところを抜いていく。そして、**1週間経つと**、先週保留にした洋服を見て「やっぱり着ることがないわ」と**あきらめることもできる**のです。こうして間を空けることで時間効果が現れます。

そして1週間の間にはクロゼットだけではなく、ほかのところも抜いていくので、たとえば台所で食器をいっぱい抜くことができたり、リビングで文具をいっぱい抜くことができたりすると、洋服の番が来たときにはすっきり気分に拍車がかかって「これももういいかな」と思えるようになります。いろんなモノが抜けるようになると相乗効果が生まれます。

予定通りにできたときは計画表にハナマルを書き込んだり、シールを貼ったり、お気に入りのスタンプを押すなどして子供のようにチャレンジ気分で楽しみましょう。

私は単純なのでカレンダーがシールでいっぱい埋め尽くされるだけでうれし

くなってきます。こんなとき単純は良いですね。

※注意事項

その日の気分で片づけるところを決めないで計画通りに進めます。やりたい気分になるところは比較的やりやすいところです。手を付けにくいところも計画表に沿って少しずつ攻略していくことになるので、だんだん苦手意識もなくなってきます。

30分抜くだけで、タイマーが鳴ればおしまい。あと片づけなし。

何してるんだ？
達成!!……と
♪〜

実践で抜いていきます！

自分で作ったカリキュラムに沿って進めていきます。

1日30分の時間厳守ですよ。

初めにすべての部屋の写真、ビフォーを撮っていきます（手を付けていないまま正直に撮ることです）。

できるだけ引き出しや収納の扉は開けて写真を撮っていきます。大まかに部屋全体も撮っておくといいです。

ビフォーの写真を見ると**モチベーションアップ**になります。特に停滞したときに見ると「実は片づいている！」ことに気づきます。どんどん片づけているうちに初めの記憶は忘れてしまいます。画像は正直ですから、「え!? こんなにいっぱいあったのにここまで片づいたのね」ということに気づかせてもらえます。片づける前の写真は片づいたあとでは撮れません。とても貴重な記録（宝物）になりますのでぜひぜひ撮っておきましょう。

※毎月カリキュラムを作っていきますが、同じカリキュラムにしなくてもかまいません。特に玄関や洗面所などはすぐに抜くモノなしの状態になりますす。抜くモノなしの状態になったところはカリキュラムから外します。

あまり抜けていない保留の多い箇所を繰り返し見ていきます。

自分だけのカリキュラムですから和室があれば和室、趣味の部屋があれば趣味の部屋などを取り入れたらいいです。趣味の部屋は、ほかのところの抜きに慣れてからのほうが抜きやすいです。

趣味のモノは思い入れがあるとなかなか手ごわいですね。

※押入れがいくつもある場合、あっちこっち手あたり次第にするのではなく1か月に1か所ずつ攻略していきましょう。**あれこれ手を付けるより1点**

に集中して抜いていくことで片づけの結果がはっきりします。

こうして繰り返し継続することで無理なく片づいていきます。巣立った子供たちの思い出の品もあなたが残したいと思うモノを1つか2つだけ残してあとは処分しましょう。思い出のモノは少ないほうがより鮮明に良い思い出として残ります。「こんなにたくさんいらない」と踏ん切りをつけて抜きますと、だんだんモノがなくなってきて、**気持ちもシンプル、家の中も、頭の中もすっきり**します。

実践！ ケーススタディ片づけ方法

□ パターンA

（モノをいっぱい詰め込んだ押入れと自分の部屋を組み込む）

●玄関　●リビング　●押入れ　●キッチン　●自分の部屋

●洗面所……外回りを攻略していきます。

これを1か月のカリキュラムとしていきます。

ここでは主に押入れが気になるところです。しっかり抜こうと思っています。そして次に自分の部屋の趣味のモノ。趣味が多くて減らそうと思っています。1か月だけではできそうにないので次の月でも組み込んでいきたいと思っています。

日	月	火	水	木	金	土
	1 玄関①	2 リビング①	3 押し入れ①	4 キッチン①	5 自分の部屋①	6
7	8 洗面所①	9 リビング②	10 押し入れ②	11 キッチン②	12 自分の部屋②	13
14	15 押し入れ③	16 キッチン③	17 ●玄関②	18 自分の部屋③	19 ●洗面所②	20
21	22 ●押し入れ④	23 ●自分の部屋④	24 ●外回り	25	26	27
28	29	30	31			

●…最終日です

□ パターンB
（モノが多いところの和室と和室の押入れを別々に考えるやり方）

●和室（部屋にいろいろなモノがある）●和室の押入れB（部屋にもモノが散乱しているので部屋と押入れを区別して取り組んでみました）●自分の部屋（まだまだ踏ん切りがつかないので）●リビング　●洗面所　●キッチン　●クロゼット

このパターンはまだまだすっきりしないキッチンやリビングと、新たに和室と和室の押入れを分けて見ていこうと思います。自分の部屋も趣味のモノが多くて今後この趣味をどうしようかと考えてみるつもりです。

日	月	火	水	木	金	土
	1 和室①	2 自分の部屋①	3 リビング①	4 クロゼット①	5 キッチン①	6
7	8 押し入れ①	9 和室②	10 リビング②	11 クロゼット②	12 ●洗面所①	13
14	15 自分の部屋②	16 和室③	17 押し入れ②	18 ●リビング③	19 ●クロゼット③	20
21	22 ●自分の部屋③	23 ●押し入れ③	24 ●和室③	25	26	27
28	29	30	31			

●…最終日です

□　パターンC
（押入れと手つかずの納戸化した問題の部屋の着手）

●和室の押入れC（2階の押入れ）●ベランダ　●外回り
●納戸化した問題の部屋　●廊下の収納棚　●自分の部屋
●クロゼット

このパターンは、リビングやキッチンが少しずつすっきりしだしてきたので、いよいよ1番片づけたかった場所に踏み込んできました。

しっかり攻略していこうと思います。

日	月	火	水	木	金	土
	1 押し入れ①	2 廊下の収納① クロゼット	3 納戸化した部屋①	4 自分の部屋①	5 クロゼット①	6
7	8 押し入れ②	9 廊下の収納② クロゼット	10 納戸化② した部屋	11 外回り①	12 自分の部屋②	13
14	15 クロゼット②	16 納戸化した部屋③	17 自分の部屋③	18 ●ベランダ①	19 押し入れ③	20
21	22 納戸化した部屋④	23 クロゼット③	24 押し入れ④	25	26	27
28	29	30	31			

●…最終日です

□ パターンD

（片づけが進んで掃除も組み込むやり方）

●押入れC　◎換気扇掃除　●納戸化した問題の部屋
◎お風呂丁寧掃除　◎洗濯槽掃除　●和室　●キッチン
◎キッチン丁寧掃除　●外回り　●ベランダ　◎冷蔵庫掃除
●リビング

このパターンは**3のつく日の換気扇掃除3回、26日は風呂掃除の日、毎月7日は洗濯槽のカビ掃除。**この掃除の日も組み込んで抜きます。抜きは目いっぱい。あとは掃除です。これらを普通にカリキュラムに組み込むと1か月のうちに**丁寧掃除の日は抜きはお休み。**毎日頑張っているのですから少しは楽をしてもいいと思います。

日	月	火	水	木	金	土
	1 押し入れ①	2 和室 ①	3 ◎換気扇掃除	4 物置化した部屋①	5 ●キッチン ①	6
7 ◎洗濯槽の掃除	8	9 ●リビング ①	10 物置化した部屋②	11 押し入れ ②	12	13 ◎換気扇掃除
14	15 ◎キッチン丁寧掃除	16 物置化した部屋③	17 押し入れ ②	18 外回り ①	19 ●ベランダ ①	20
21	22 ◎冷蔵庫の掃除	23 ◎換気扇掃除	24 ●押し入れ ③	25 ④ ●納戸化した部屋	26 ◎お風呂丁寧掃除	27
28	29	30	31			

●…最終日です

これらのパターンはわかりやすくするために例として作りました。あなたのやりたいところ、やらないと困るところを自由にカリキュラムに組み込んでください。

カリキュラムの作り方の注意点は91ページを参照してください。

そして自分が作ったプログラムに沿ってしっかり片づけていきましょう。やった日はシールなりハナマルなりで自分を褒めてあげてください。片づけなんて地味なことを毎日コツコツやるのですからすごいことですよ。

こうやって**カリキュラムに沿って毎回やっていけば必ず近いうちに生前整理も終わります。**抜くモノはしっかり抜いて住みやすいお家にしましょう。

家の古い新しいは関係ありません。かえって古い家は磨けば黒光りしていぶし銀のような光沢を放ったりして私は好きです。

あなたのパターン用の用紙も作りましたのでご利用ください。

日	月	火	水	木	金	土

あした死んでもいい片づけ
実践！

第3章

どんなモノを抜けばいいの

どんなモノを抜くべきか

□ 使っていないモノ
□ これからもきっと使わないであろうモノ
□ 壊れたモノ
□ 高価だったけど（抜きにくい理由）……使っていなかったモノ
□ 頂きモノで気に入っていないモノ
□ 邪魔なモノ
□ 誰かに譲るつもりで時機を逸したモノ

こういったモノを抜いていきます。
そして抜いたらすぐに行先を決めた袋に入れて必ず完結すること。

抜いたまま家の中に放置しないことです。

そして家族の目に触れないところに置いておいて、しかるべきとき（ゴミの日、売り時、譲り時）が来たらさっさと家の外に出していきます。

頂いたモノ

プレゼントしてくださった方に「ありがとう」とお伝えしたとき、その頂きモノのお役目は終了したものと考えます。頂いたモノが気に入ったモノであれば手元に置き、そうでなければ抜きます。既に大量のタオルを持っていてさらにタオルを頂いたなら、家はタオルだらけになります。洗剤やラップなら使えばなくなりますが、同じ消耗品といってもタオルは繰り返し長く使えます。そうそうたくさんはいりません。あらかじめ持ち数を決めていればすぐにどうするか決定できます。**抜くならできるだけ新品のうちに抜きます。**新しいモノなら売ることもできます。使われないより使われるほうがタオルも幸せだろうと思います。せっかくタオルとして生まれてきたのですから、しっかり**使ってもらえる人に使ってもらいたい。**頂いたからと長く持っていても使わなければ黄ばんだりしみがついたりして、最後には処分に困ることになります。

これからはできるだけ家に入った瞬間に判断するようにしたいものです。そうすれば家で保留のまま忘れられることはなくなります。

手作りの頂きモノの場合

自分が「欲しい!」と言って頂いたモノなら、使えるモノは使い、飾るモノは必ず飾りましょう。決して頂いたまま押入れやキャビネットにしまい込まないようにします。**飾るときは常に掃除してきれいに**飾りましょう。

「思う存分使った」あるいは「色あせてきた」と思ったときにサヨナラすれば贈ってくださった相手も喜んでくれます。しかしほこりをかぶったまま飾られているのを見ると贈ったほうはがっかり。そのようなことがないように、心を込めて扱います。

花嫁布団、座布団類、花嫁ダンス

お嫁に来て何十年になりますか？　使っていないなら抜きます。何十年もそのまま。ただただ持たせてくれたモノだからと放置。そんなつもりはなくても使っていないならこれからも使うことはないでしょう。

娘の幸せを願って用意してくださったモノですから、あなたも大切にしまっておいたのでしょうが場所を取って大変です。使わないなら抜きましょう。**花嫁布団**、昔は真綿で高価でした。捨て切れないならご自分の寝具にされるといいでしょう。しかし羽根布団に慣れた体には重くて寝つきが悪いかもしれません。

それに長年しまっていたので湿っぽくなっていそうで、手が出ないのではないですか？　使わない布団は場所塞ぎだけでなんの用もたしません。

「それなら座布団に作り替えてもらいましょう」という考えは良いように思いますが、お客様が来ても１人か２人、それも年に１回か２回。花嫁布団から座布団は結構たくさん作れるようです。結局布団から座布団に形が変わっただけでモノは減ってはいません。

リフォームは良い考えですが、使う見込みがなければ無駄ですし、残念ながら抜きにはなっていません。形が変わってお金を使って収納場所を圧迫したまま。私の友人で真綿を打ち直して布団を作ったけど誰も使わない。こんなことしなければよかったとおっしゃっている人がいました。しかし思いついたときは友人もうれしかったのだと思います。こういった失敗は誰にもありがちです。よくよく考えましょう。

花嫁ダンスも大きいだけでさほど入りません。場所ばかり取って、**いらないモノ入れになっているなら抜きましょう。**中に入っているいらないモノを抜いたら花嫁ダンスもいらないということです。大きなタンスを処分するのはあとに残された者にとっても大変な仕事になります。あなたのモノはあなたの手で処分したほうがモノも納得すると思いませんか。どうしても抜けないのならこう考えてみて。

□**「私が抜けずに残したモノは全部ゴミになる」そして**

□**「誰かの手を煩わすことになって迷惑をかける」と……。**

花嫁さんのモノはとにかく豪華で普段使いはしにくかったと思います。そういったモノを「使う」という感覚はなかったのも確かです。しかしお布団でも客布団にでも……と思っていても泊まるお客様もいない。ここにきて生前整理をするに当たり、もう抜いても罰は当たりません。これまでずっと大切にしてきたのですから。残して捨て切れずにいるほうが誰かに迷惑をかけてしまう。

これは避けねばなりません。誰も喜んでもらってくれません。**リサイクルセンターも「買う人がいない」という理由で引き取ってくれない**と聞きます。1度お近くのリサイクルセンターに電話して、もし同じ回答だったら処分しましょう。引き取ってもらえるなら万々歳です。やった――!!

空き缶、空き瓶、空き箱、包装紙

きれいだから、可愛いからと取っておいても、次から次へと可愛くてきれいなものはどんどん入ってきます。**取っておく数（最低限に留める）を決めてあとはしっかり捨てていきます**。または「ここに入る分だけ」というのもいいですね。空き缶、空き箱、包装紙は売れないし譲るほどのモノでもありませんからいさぎよく捨てます。これらのモノは結構場所を取ります。小物は持たないと考えたいですね。

生前整理を続行中なのをお忘れなく！

イベント用品類

クリスマスツリー、こいのぼり、お雛様、お正月の飾り物など、季節ごとに飾っていますか？　飾っているモノはきちんとしまって丁寧に扱います。ただし、もう**何年も飾っていないモノは抜きます。**お雛様は流し雛として処分してくださる神社があります（ぬいぐるみもお願いできます）。

娘さんがお嫁に行くときまでと取っておいたお雛様、いざお嫁に行ったけど「7段飾りなんて飾れないから預かっておいて～～」とお願いされました。しかし一向に取りに来る様子はありません。本当にいるのか聞いて、もし「飾らない」という返事であれば、あなたが自宅で飾るかいさぎよく抜く決断をされたほうがいいですね。

お雛様はお道具からなにからなにまで1つ1つ箱に入れられており、それらをまとめてまた大きな箱に入れてあるものですから、ずいぶん場所を取ります。**飾られないお雛様は**かわいそうです。**神社で供養して**いただいてすっきりしましょう。

私も娘たちに聞いて供養していただきました。

お客様用布団、座布団類

自分たち家族のモノだけでも幅を取る布団類。お客様がよく泊まりに来られて、押入れに空きが十分あるなら取っておいていいでしょう。しかし押入れにはほかのモノを入れたいのにそれらが入らないという場合は抜きます。いざというときは**貸布団**もあるし、**ほかのモノで代用**してもいいと思います。押入れといえども家の一部です。収納部分にもお金がかかっていることをお忘れなく。

また座布団ですが、和室がない、またお客様も来ないという場合は思い切って抜きます。**使っていないモノが場所を塞いでいませんか？** 押入れはいらないモノ入れではありません。いらないモノは抜きます。

雑貨、飾り物

これらのモノも季節によって飾ったり、気分を変えたいときに取り替えたりしているならば、しっかりしまって大事にされたらいいです。しかしこれも何年も飾っていない**すすけた感じのモノは抜きの対象**です。「いつか飾るかも?」は「飾らないかも」です。こういったモノも結構場所を取ります。

私は、**極力モノは飾りません**。実用品はしっかり使いますが、飾り物を取り替えて飾るほどマメでもありませんし、掃除が面倒です。私の性格として飾ってきれいに見せるより、簡単に掃除できるほうが好きです。

モノを飾りたいなら、これからは厳選して本当に好きなモノを最小限で持ちましょう。そして必ずお掃除してきれいに飾りましょう。

賞状、盾、記念品、卒業証書

表彰状は貰ったときはうれしかったでしょうが、60も過ぎればもう過去の栄光になります。どうしても取っておきたい場合は写真に撮って残しておけばいいですが、取っておいてなにに使いますか？　形見？　いえいえ。写真に撮っておいていても結局見なければその写真さえ抜きの対象になります。

これからまた一旗あげたいというなら最終学歴の卒業証書、博士号は取っておかれるといいでしょう。

そうでなければ筒に収められた賞状や卒業証書はかさばるだけです。

大好きな食器類

好きなモノはなかなか抜けません。しかし家族が減れば使う食器も限られてきます。頻繁に子供たちが来るのなら抜けませんが、そうでもなければ**家族の人数分（2人なら2つずつだけ）でいい**のではないでしょうか。使わなければ抜きの対象として考えます。同じような大きさで頻繁に使うモノが使い勝手がいいはずです。使っていないほうは抜きます。

お客さんも来ないのにたくさんある**お客さん用湯飲みや銘々皿、茶卓**。これらも、もういりませんね。**抜きましょう**。食器棚に入り切れない、箱のままきれいにしまわれている頂きモノの食器、使わないなら抜きます。また普段作るおかずのレパートリーも決まってきていませんか？　それならそれらに使う食器だけで十分です。

食器棚はぎゅうぎゅうに詰めると取り出しにくくしまいにくいです。手が滑って割れても危険です。いろんな国のモノを持ち過ぎると、食器棚もいくつも必要になります。いくつもある食器棚は部屋を狭くしています。1人か2人住まいなら**スリムな食器棚1つで十分**です。食器棚が大きいとそこに入る分だけと思いがちですが、使わないモノを置くスペースこそ無駄です。食器棚を小さくすることも考えられたらいいですね。家具が小さくなるとそれだけお部屋が広くなります。すべてのモノを見直すいい機会です。この機会を逃さず頑張って抜きましょう。

私は**カレー皿もどんぶりも同じモノを使います。**重たい食器が持てないのでほとんどのモノを漆モノに替えました。木でできているので軽く、漆で塗られたモノは丈夫です。そしていままで使っていた食器は娘や友人に譲りました。新たな場所で活躍しているようです。頂きモノのグラスも使わないともったいない。使わないモノはしっかり抜いて隙すきの食器棚にします。出し入れが楽になって作業の負担も減ります。

使っていない調理器具

使っていないのは、使い勝手が良くない、重い、出し入れが面倒、などの、なんらかの**理由があるから使わない**のよね。特に金額が高かった場合は抜きにくいのですが、高くても使わないのならただの場所塞ぎです。さっさと抜いて気持ち良いキッチンにしましょう。

キッチンにはさまざまな形の調理器具が場所を占領しています。**使っていないモノはしっかり抜いて、取り出しやすくてしまいやすい美しいキッチン**にしていきます。箱に入ったまま食器棚の上に高く積まれているモノたちも抜きま

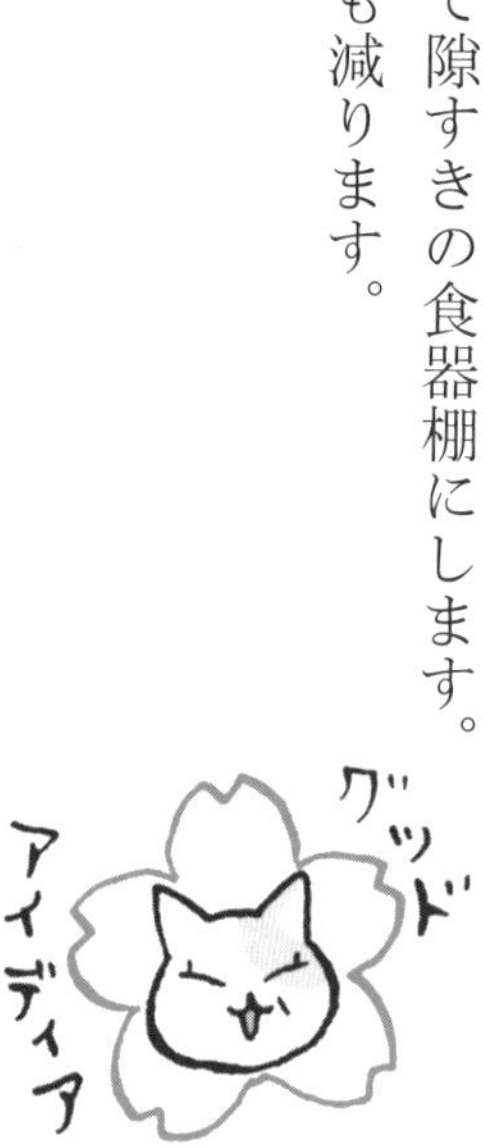

す。

なにが食器棚の上に乗っているのかわからない……なんてモノはいらないモノですからね。中のモノもちゃんと確認してから抜きましょう。

趣味のモノ

女性と男性では趣味が違うことが多く、共有が難しいですね。家の中には夫の趣味のモノ、妻の趣味のモノと、2人の**趣味が多ければ多いほどモノがたくさんに**なってきます。狭いながらも楽しい我が家ゆえに、趣味が多いと荷物も半端じゃなく多くなります。DIYが趣味のご主人の場合、大きくてかさばる道具がたくさんです。それに陶芸、そば打ち……多彩な趣味の場合それらの道具がわんさか。そして、飽きたモノもまだ処分し切れずに置いてあったりして……。そうなると本当にこちらは「なんとかしてほしい」あちらは「ほっといてくれ！」という調子で平行線。そしてそれらのモノは片づけられずそのまま……。こんな場合は、なにも言ってはいけません。言われたら余計に意固地になって片づけようとはしません。自分もあれこれ言われたら「ちっ」と舌打ちしたりなんかして。嫌がることは言うほうも言われるほうも気分の悪いことです。言わぬが花です。

そして女性も趣味が多ければ多いほど厄介です。「年をとったら趣味があったほうがボケない」と言われますが、あり過ぎるのもいかがなものかと思います。だんだん年を取ると、目が悪くなったり、集中力も欠けてきます。あれもこれもと手を出す元気もなくなり……。しまいには道具のいらないコーラスやカラオケで仲間と発散してきた〜。

新しい趣味に変わられたのでしたら、もう前の趣味の道具は抜いてもいいのではないでしょうか。あれこれ気分を変えてやるほど体力もだんだんなくなってきます。

趣味のモノを抜くのはなかなか勇気がいると思います。いままでやってきたモノをなくすのですから自分の手足をもぎ取られるような感覚もあるかもしれません。辛くて……と思うのは無理からぬことです。

でもね、**いまその趣味から離れているということはあなたにとって旬を過ぎたということ**です。旬を過ぎたモノは手放してもいいと思いますよ。待っていても次の旬は来ないと思います。やりたい趣味ならいまもやっているはずですから。

趣味のモノは同じ趣味を持つ方に譲ってあげると喜ばれます。せっかく集めた大事なモノ。いまはもうどこにも売っていない、希少価値があると思うから捨てられない。希少価値があるからこそ同じ趣味の方ならその価値をご存知です。非常に感謝され喜ばれるはずです。

モノは減るし、喜んでもらってくださる方がいるのは本当に喜ばしいことです。

もしそんなお友達がいらっしゃらなかったら、**支援物資で送る**と、とても喜んで使ってくれます。また、『市区町村の譲ります、譲ってください』のコーナーに載せれば反応があると思います。

有効利用してくださるところは結構ありますよ。喜んでもらってくれるところに引き取ってもらえば自分の気持ちもほっこりします。そして家の中はすっきり！　と言うことなしです。趣味のモノは自分できちっと心の片をつけて気持ち良く送り出してあげたいものです。親のモノだから趣味を引き継ぐかというとそれはどうでしょう。現に私の娘と私の趣味は全く違いますので、置いておいてもモノの価値もわからずただのゴミとして処分されることになるはずです。自分がもったいないと思っていても趣味のわからない人にとってはただのゴミです。自分のモノは自分の手で抜いていきましょう。使われずにほこりをかぶってほったらかされるより抜くほうがずっと幸せです。それが誰かの役に立つと思うとうれしいものです。

保留品（考え中のモノ）

片づけたのにあまり片づいていない……という場合。

あなたの片づけ、迷った末、保留にしたというモノが多くなかったですか？

保留（考え中）のモノが多いと、ももやを残しただけになってしまいます。

保留が多いと抜くことができないので実際片づいていません。ですからもやもやしてしまうのです。もやもやした心は「片をつけていない」からです。保留とは考え中。つまり「残すか抜くかの片をつけられずそのままの状態」という流れです。

実は迷うモノは使っていないから迷うのです。使っていたら迷いません。残せばいいですものね。「使うからいる」と決められます。**決められないモノは「使うかもしれない」が頭をもたげています。私の経験上残しても結局使いません。**

抜きを進めていきますとやがて本当に使っているモノだけが残ってきます。「使うかもしれないモノ」がなくなって、使うモノだけになったら出しやすい、しまいやすいところに自然にモノのほうから置く場所へ移動を促してくるような感覚になります。収納棚の空間が広くなるとモノを置いても目障りではなくなります。

とにかく、**保留はできるだけしない**ことです。

本当にこれ、いる？
保
保留
保留
保
保留

親の残した着物と自分の着物

親のモノはなかなか処分に困ります。 遺品整理してタンスごと家に持って帰った着物。着るわけでもなくただひっそりとそこにある。それは大事にしているのではありませんよね。着物は昔高かったから、そしてお母様の形見だから処分できないのだろうと思います。

あなたが処分し切れなかった着物は一体どなたが処分なさるのでしょう？　そのうち陰干しもせずタンスに入れたまま虫に食われ穴だらけになってしまうのが落ちです。陰干しは毎年するけどそのままでしまう？　そんな着もしないモノに手間暇かけて、自分もだんだんしんどくなって……大変ですね。この生前整理を機会にそろそろ抜きましょう。私の着物は着付けの先生にお話ししたら生徒さんのお稽古用にいただきたいと言われ大変喜ばれました。

どうしても抜けないなら**お母様の思い出の着物は1枚か2枚取っておくのはどうでしょう?**　最近は着物の喪服を着ることも少なくなってきましたね。親戚が遠かったりでわざわざ着物を持って行って着るというのが面倒。それなら洋服にしたらいいという考えが多くなってきました。実際私も母の葬儀のとき、着物は持っていましたが結局着ませんでした。最近は家族葬をするお家が多くて改めて着物を着ることもなくなってきました。おいちゃん（夫）も自分のお葬式は家族葬でいいと言ってくれています。身内だけですので堅苦しい着物は無用になります。私も今回のことで抜くことにしました。

余談ですが、若いころ私はお嫁入りの着物は全部自分の手でせっせと縫いました。思い入れもありましたが、使ってくれる方がいてお譲りしてよかったと思っています。娘たち2人は着物に興味はありませんし、これだって残しておけばゴミになって手を煩わすだけになったと思います。少しでも使ってくれる方がいるなら着物もボロボロになるまで使われたほうがいいです。着ないならタンスの持ち腐れ！

タンスの肥やしよりひどいですね。

紙類を分別する

こんな話があります。「去年の固定資産税はいくらだった？　領収書見せてよ」と言われて「どこだったっけ？」「確かここだったような……」「あらないわ。じゃあこっちかしら？」と引き出しを引っ張り出し、こっちのキャビネットあっちのキャビネットと探し回って、結局全然違うところから出てきたとのこと。探している間すごいストレスだったことでしょう。**ここにない、あそこにもないとドキドキとイライラが混じっての探し物**は疲れます。出てきたからまだ良かったのですが、出てこなかったら何日もイライラしながら探す羽目になります。もしこれが期限のあるものでしたら血眼になって探さねばなりません。紙類はとにかくすぐにいるいらないの分別をしないとどんどん溜まり、本当に大事なモノが埋もれてしまいます。**日付と内容をすぐに確認し、残すモノか捨てるモノかその場で分別**します。そうしないと紙は増え続けます。いらないモノを抜き、いるモノはひとまとめにしましょう。極力収納グッズは買わないことです。買うとまたモノが増えます。茶封筒を切って使えば、取説など不要になったら封筒も紙ですからすぐに捨てることができます。わかりやすい背表紙を付けて必要な書類はすぐに見つけ出せるようにするといいですよ。あまりにもほったらかしていると紛失して家中探し回るなんていう大事《おおごと》になってしまいます。

ファイリングの方法は、大きな茶封筒（A４）を8分目ぐらいに切って、1つの封筒に電化製品の取説なら取説だけ。また違った封筒には固定資産税の領

収書や車の税金などと税金関係のモノをひとまとめにして入れます。こんな要領でまとめて棚に保管します。その際背表紙を書いて誰でもわかるようにします。

（極力ファイリング用の収納グッズも買わない。買うとそれもゴミになります）。

スッキリ!!
取扱
説明書
A4茶封筒

やってみよう！

あした死んでもいい片づけ
実践！

第4章

理想の暮らしを作る方法

探し物に時間を取られない方法

キッチンで使うモノはキッチンに、洗面所で使うモノは洗面所にしまいます。こうして**使うところに使うモノがあるようにしていく**とモノを探さずに済みます。

モノの分散が探し物の原因です。それと記憶力がちょっとね……。あっちこっちに分散されたストック品も1か所にまとめてあると在庫確認ができます。分散して置いてあると記憶に残らず忘れてしまって、あるのにまた購入してしまったりします。それでは大変不経済です。消耗品のストックは最後の1つを使うときに購入しても大丈夫です。

玄関と洗面所はいつもすっきり

玄関で必要なモノは靴と傘ぐらいです。あとは宅急便受け取りのためのペンと印鑑。そのほかのモノはここには必要ありません。そしてほかの部屋からわざわざここに持ってくるモノもないはずです。**洗面所も**しかり。どちらも移動してくるモノはないので、ここに**必要ないモノは迷わず抜いて**いきます。どちらもカリキュラムは2回から3回あれば十分。抜きどころか整理整頓、掃除までできてしまう場所です。やったみなさん全員がすっきりするところです。

リビングやキッチンなど、洗面所、玄関以外の部屋は**モノが抜け切るまでたとえ小さいモノでも移動させません。**

片づけながらいままでのように移動（整理整頓）してしまうと収拾がつきま

せん。あっちからもこっちからも同じようなモノが出てきて、それがまた飽和状態になり、せっかく整理してもまた新たに整理し直さなければなりません。その効率の悪さがあなたを片づけ嫌いにさせてしまい、自分で自分に「片づけベタ」の烙印を押してしまうのです。そんなことは全く必要のないことです。自分で自分を追い込まないでくださいね。

ごんおばちゃま流**片づけは抜くだけで整理整頓はずっと先**です。そこのところをお間違いなくね。

このクツ
全然はいてないから
抜いちゃお〜

キッチンでは「使ったらしまう」

キッチンは女の城だからピカピカに磨いていつもすっきり！　させておきたいものです。レンジまわりに醤油の小瓶やサラダ油など出しっぱなしにしておくと使いやすいですが、あとの始末が油でべとべとになって大変です。使うときに出して、使ったらしまう。

この方法ならば、出しっぱなしにするより掃除が断然楽です。キッチンはとにかく汚れやすいので、その都度その都度こまめに拭くことです。頑固に汚してしまってからではきれいにお掃除するのは大変です。時間もかかって力づくではくたびれます。大掃除の様な掃除を毎回するのはしんどくてたまりませんよね。大変だから余計にしなくなるのです。

まずはモノをほったらかしにしないこと。使ったらしまう。そしてやっぱり1番にすることは使っていないモノを抜くことです。取っ手の取れそうな鍋などは危険です。お湯を入れて運ぶとき火傷します。ですので**壊れかかったモノなどは抜きます。**あわてて買い足さなくてもなんとかなるのじゃないかしら。代用品があれば買い足さない選択もあるわけです。数の多いボールやざるなども持ち数を絞ってみてはいかがでしょうか。調理台やシンクはなにも置かず空けておくようにすると掃除が楽です。ピカピカな女の城になります。抜きが終わったら1か所ずつ少しずつ出して拭き掃除してきれいに乾かしてからしまっていきましょう。**醤油なども大瓶を買うと消費に時間がかかりおいしくなくなります。**安いからと思い大きな瓶を置くより小さいモノにすれば場所も取らず最後までおいしくいただけます。モノを抜くときも、いかに空間を大事にするかを心掛けていけば不要なモノは買わなくなります。いったんほかのモノをどけて作業するより、引き出しを開けたら欲しいモノがすぐ取れる。あるいは扉を開けたらすっとよく使うモノが前にある。そんなキッチンにしましょう。

使っていない電気器具（たこ焼き器、すき焼き鍋など）のような大きなモノがなくなればほんと楽ちんです。

女の城には**賞味期限の切れた乾物類もないように**しましょう。1か月に1度乾物の日を設けて期限を確かめて、その日のうちに何品か作るようにすれば消費しますし、二重買いを防ぐことにもなります。

使いやすくてピカピカのキッチンは自分でも惚れ惚れです。

私の城は
美しい・・・！

理想のキッチンを作る3つの方法

キッチンはそんなに広くないほうが動きやすい。モノがないほうが取り出しやすくてしまいやすい。これが私の理想のキッチンです。我が家には食器棚といった背の高い収納家具は置いていません。ずっと**食器棚を持たない生活**をしていましたので、リフォームのときも食器棚はあえて置きませんでした。その代わり、引き出しを自分仕様にしてもらいました。お茶碗が重ねて2つ入る大きさを希望しました。ブログでみなさんと一緒に抜きをするとき、毎回どうしたらもっと使いやすくなるかを考えています。まだまだ私のキッチンは進化し続けています。今年に入って（4月から）おいちゃんが仕事をリタイヤして家にいるようになり、洗い物を率先してしてくれるようになりました。なのでおいちゃんにも使いやすい配置を考え、女の城を見回しております（やや男の城になりつつもある）。

夜寝る前は、シンクからキッチントップまで磨き上げます。ですから台所はいつもピカピカ。それに食べ終わったらおいちゃんが洗い物をしてくれるので、片づけがすぐに終わって気持ちが良いです。たまに油でギトギトした日は食洗機にお願いして、おいちゃんにはゆっくりしてもらうことにしています。

理想のキッチンは誰にでもできます。

使っていないモノをしっかり抜く（最優先）。

使ったら洗って拭いてすぐしまう。

寝る前の掃除。

夜のルーチンをしっかりすると朝起きたとき気持ちが良いですよ。朝の目覚めが全然違いますのでぜひおやりください。

キッチンのシンクに洗い物が残っていたり、キッチントップにモノが出しっぱなしだったりすると片づけるのが面倒になります。

おなかいっぱいで、すぐに洗うのは面倒だからと次々コップを使うとその分洗い物が増え、余計に面倒になります。減らして楽しましょうね。大丈夫です。最初は毎回洗って使うのは面倒だと思うかもしれませんが、そのほうが実は楽なのですよ。悪のループにはまってしまわないようにしましょう。

理想の家はモノがない

理想の部屋は人それぞれですが、居心地のいい部屋がいいというのは万人に言えるのではないでしょうか。特にリビングはみんなが集う場。個人の部屋ではないのでここに脱ぎっぱなしの服や読みっぱなしの本などが散乱しているのは、決して居心地がいいとは言えません。**理想的なのはほっとくつろげる清貧な部屋**じゃないかしら。

寝ころぶもよし、座るもよし……。めいめいが会話し、くつろぐ。いいですね。なにもないと掃除もしやすく、すぐに掃除も終わります。

とにかく**家具やモノがなければあっという間に掃除ができ、時短にもなって、読みたい本も読め、見たい録画番組も見ることができます。**なんと素敵なことでしょう。

モノがないというのは最高の贈り物。時間だけは誰にも平等です。その時間を有意義に使う。それがシンプル生活の醍醐味ではないでしょうか。

モノがいっぱいのときにはそこまで考えられなかったでしょうが、モノに振り回されない、探し物もしない優雅で、楽な生活に憧れませんか。

昔「simple is best」というフレーズがありましたね。

自分の家で **simple is best** をご堪能ください。

服は少なくても「着たい服を」

あなたは自分の洋服を何着持っているかご存知ですか？　たった1つのこの体に一体どれだけの洋服を持っているのか、知りたいと思いませんか。

みなさん**「着るモノがないんです」とおっしゃるのですが、調べてみると100着以上お持ちの方が大勢**いらっしゃいます。しかしそんなにあるのに口を揃えて「着たい洋服がない！」とおっしゃいます。

着たいと思うモノがないならクロゼットに何着あっても同じことです。

そして困るのはこのままいけば（このまま抜かずにいれば）着たい服を探し求めて、洋服はこれからも増え続けていくということです。いざというときに着る服がない（クロゼットには山ほどあるのですが……）。そう思うと、クロゼットの中身には見向きもしなくなります。それなのにいざ抜こうとすると、「まだ着られる」といって躊躇する。「捨てるのはもったいない」からとこれまた抜くことができない。でもね、**着ないモノはただのゴミ**です（洋服として用をたしていません）。ゴミがいっぱいあるからもやもやするのです。

お出かけの度に「着ていく服がない」と悶々とする。どの洋服を合わせてみてもいまの自分にぴったりくるものがない。

毎回クロゼットを開け、毎回ため息をついて「今日はこれでいいか、これにしておこうか……」と半ばあきらめた衣装をまとっても、あなたはちっとも輝きません。

洋服はあなたを印象付ける素晴らしいアイテム。それをこんな風になおざりにするのはもったいない話です。

着たいと思わない服をクロゼットに並べていては、あなたが輝くはずがありません。

たとえば私の母などもよく持っていましたが肩パットの入った洋服はいま着ますか？　もし肩パットが入った服の時代がまた来たとしても、同じものがそのまま再びブームになることはおそらくありません。

形も丈も素材までも変わっていることでしょう。ですから「いつか着るかもしれない」は夢か幻。肩パットの入った洋服はリサイクルセンターでも引き取ってくれないでしょう。いつまでも取っとかないで抜きましょう。

そして洋服ってちょっとしたことで着なくなりませんか？　私は毛玉がついてきだすともうダメです。しわしわになってしまったモノもダメです。「ここが嫌」と思ってしまったらもうその服は着ません。「上着で見えないからいいわ」と思って着て行っても（人にはわからなくても）、自分は知っていますのでなんだか落ち着きません。

「やっぱり着て来なければよかった」。そんな風に後悔した洋服は二度と着ることはありません。しっかり抜きましょう。着られるけど着たいと思わない服は「高かったから」とか、「まだきれいだから」と理由をつけないで、「**着るか、着ないか**」**の軸で振り分け**ていきます。着るモノがないと思ったクロゼットの中身、着ないモノは残さず抜きましょう。そしてクロゼットの中には着る服だけを残します。

そして新たに着心地のいいモノ、好きなモノ探しをします。選ぶ理由もいままでのように「安いから」とか、「流行だから」と手を出してはあとで後悔します。大事なのはいま、自分はどんな服を着たいのかを見つけることです。

そして「これが好き！」と決めて着ていても、色や体型が変わっていままでよかったモノでも、合わなくなってくることもあります。**着たいモノは変わっていく**ものです。好き嫌いや体型も変わっていっているのにクロゼットの中だけもう何年、あるいは何十年もそのまま。

いまある洋服が好きかどうか、着たいと思うかどうか、また着てみて似合っているかどうか、1枚1枚確認作業をしてみると、残すモノ抜くモノがしっかりわかります。1人ファッションショーをして全部のモノを確認してみてください。

これからのあなたのクロゼットは**「痩せたら着よう」**とか、**「いつか着るかもしれない」であろう洋服は1枚もない。**いつでも着たい服がスタンバイOKです。少ないけれど着たい服ばかりですので、悩まないクロゼットになっています。

納屋、納戸も片づけを

家の中にも家の外にも保管場所はあります。**保管場所が多ければ多いほど**モノは押し込んでおけます。そして**やがては満杯になって開かずの扉に**なってしまいがちです。

そういったところもカリキュラムには入れていきます。長年開かずの扉だったところ、記憶の中にもなかったモノたち。いざ片づけようとしたときどうなるのでしょうか。

きっといままで見ていないにもかかわらず、忘れていたのにもかかわらず、目の前に現れた途端、「いるかもしれない」「まだ使える」「もったいない」が頭をもたげてきます。ああ〜見なければよかった……。いいえ、見てよかったのです。すべてどんなものでも家にあるものはあなたが見て決断していきます。

しかし、ここは悩むのではなく、確認して抜いていきます。**見ずに段ボールごと捨てるのはよくありません。**

ひょっとしてご主人がへそくりを隠しているかもしれませんよ。あなただってここだったら安全だからって、とうに忘れているけど**内緒のモノを入れているかも**しれません。捨てるにしてもいったん自分の家に受け入れたモノたちですから、きちっと挨拶して別れましょう。

せめて段ボールのふたを開けてご挨拶するのは礼儀です。

家具も不要なモノは処分

いままで必要だと思っていた家具。**中身を抜いていけば収納家具自体も不要になります。**そのときは別の使い道を考えるのではなく抜きましょう。

「ここに使えるから」と別のところで使い回ししない。結局またそこに入れるモノを増やし、同じ運命になります。

いわゆる隙間家具もモノを入れたら入れっぱなしになって、思ったほど効果がなかったりもします。そういったモノも抜きます。

押入れやクロゼットに便利と思ったPPボックスも使わないモノ入れになっていることも多いと聞きます。**収納ボックスも極力持たない。**いままでの概念

このボックス、
いらなかったんだ！

も抜いていきます。

あした死んでもいい片づけ
実践！

第5章

片づけから解放される

片づけには運命を変える力がある

モノは買うときも、捨てるときもお金がかかります。お金は大事です。無駄に使っていては大事なことに使えません。それに消費税もだんだん上がってきています。**使うモノだけを残した片づけをしていれば、いるモノだけを買うようになります。**しっかりした生活設計をして、これからの暮らしを命尽きるまで大いに楽しみましょう。

この片づけにはあなたの運命を変える力があります。その力を発揮するのはあなた自身です。

生前整理後の暮らしは最高

モノに振り回されない自由な時間は最高です。いつもなにかしようとすると、メモ用紙がない、鉛筆がない、消しゴムはどこ？　モノが多過ぎて定位置が決まらず探し物をする。こういったことってほんと疲れますね。探し物をする時間も、たくさんのモノをしまったり出したり、メンテナンスしたりする時間ももったいないないです。

素敵な洋服を着たらクリーニングに出す。そうするとクリーニング屋さんの営業時間に持って行かねばなりません。ほかのことをしたいのに持って行かねばと焦ります。そしてお金がかかります。出来上がったら取りに行きます。持って帰ったらビニールの袋から出してクロゼットにしまいます。

クリーニング1つでもこのように思いもしなかった時間と手間がかかってしまうのです。なんでもかんでもクリーニングに出すのではなく自宅での**セルフクリーニング**も考えてみませんか。**特別なモノ以外は洗剤と電気代を使うぐらい**でお金もほとんどかかりません。こういったことをもう少し考えて極力手間のかからない暮らしを目指しましょう。そして自分の時間を持ちましょう。

モノに振り回されない自由な時間

今回の片づけを『生前整理』と覚悟して片づけていくと曖昧に取っておこうとしなくなります。「**自分の死」というものを考えた上での抜きは徹底的にできるはず**です。若かろうが、年を取っていようが「死」はいつ訪れるかわかりません。

真剣にやった生前整理後、あなたの暮らしはどう変わると思いますか？　**生前整理後から死ぬまでの間、あなたはもう「片づけねば！」といった気持ちを持つ必要がありません。**いままでいつも「片づけ」が頭にあり「片づけなければ」の気持ちで落ち着きませんでした。しかしもうこれで片づけから解放されます。普通では考えられないほどのたくさんのモノを抜いたことによって、不安も強迫観念もちっとも頭をもたげてきません。

死は何年先かはわかりませんが、あなたを邪魔する大掛かりな片づけは、もうする必要はないのです。日々の暮らしの小さな片づけにはわずかな時間しかいりません。ただ整えるだけの時間で済みます。日々の暮らしはうんと楽になります。モノがないシンプルな暮らしは心にもゆとりができ、そして「あれだけ捨てたのだからもう不要なモノは家に入れないぞ」と、強い意志が働きます。容易にモノを入れようとはしなくなります。

きっといままでの暮らしと、この片づけをしっかりされたあとの暮らしは全く違ったものになっていることでしょう。そして片づけが終わったあなたの**残りの人生は、きっと何物にもとらわれない穏やかで心地いいものに**なっているはずです。

モノを抜くのは人生の大事な通過点

今回やむなく使わなくなった**大量の抜いたモノは、これからの清貧な暮らしのための勉強代、必要経費と**して考えてください。

捨てたり譲ったりすることに心を痛めないでください。しっかりモノと対峙してこれからの暮らし方を清貧なものにするための大事な通過点なのです。この片づけが済めばモノ（必要ないモノ）を簡単に買うということをしなくなります。これが今回お勉強したことの大きな収穫です。

アリガトー
注
この先
重量
制限アリ
清貧行

抜くモノと大切なモノの判断を

同じモノをいくつも持たない。できれば使い回しのできるモノにすればなおいい。ただ、若いころなら元気がありパワフルに動けますが、年を取ると自分の体も「よっこいしょ!」。立ち上がるのにも時間がかかります。ですので、どうしても同じモノをあちらにもこちらにも置いてなるべく体をいたわる……ということも確かにあります。それはそれで必要かもしれません。

いちいちはさみ1つ取りに遠いところまで取りに行くのはしんどいことだと思います。道具は体をいたわってくれます。私は握力が弱いので瓶のふたを開けるのにも一苦労です。シリコン状のモノをふたに乗せて「あら不思議! 開きました」といった具合に、フォローの道具が必要になってしまうこともあります。減らそうと努力している一方で必要だからと増やしてしまうモノもあるのです。それは仕方のないことです。体が大事、**必要なモノはきちんと使い、しかしそれ以外のモノはしっかり抜きましょう。**抜くモノと大切なモノの判断をしっかりと！　余生は楽に。

小さく暮らす方法

年齢的に60代を過ぎるころ家をコンパクトにしたいと考える方も多いと思います。そのとき、モノを減らすことを考えますね。しかし、**漠然とモノを減らしていてはまとまりがつきません。**トラックいっぱいのモノを処分したのに、新居にはモノが収まり切れず床に溢れてしまっている。あるいは、収納棚の中にはとりあえず収まったのだけど、ぐちゃぐちゃになってわからなくなってしまった。

どこにしまったのか必要なモノがすぐに取り出せない。コンパクトにしたのにモノ探しにイライラする毎日を過ごしているというお話も聞きます。

せっかく暮らしやすくコンパクトにしたのにちっとも楽にならないのはどうして？　この問題点はなにかと申しますと、まずコンパクトサイズの家とモノのバランスがあっていないということです。トラックいっぱい捨ててもまだ捨て足りなかったのです。

特にメーターモジュール（ハウスメーカーのもの）と本間、関西間、京間といったようなものは畳のサイズが違います。そしてマンションはこれまたサイズが違いますので、そうなると収納の大きさも押入れ1個分の容積も違ってきます。「前の家に入っていたから今度の家も入るはず」ではないのです。それで入るはずの品物が入り切れず溢れてしまう。あるいは無理やり押し込んでどこになにが入ったかわからなくなってしまう……という状況に。家具も入らず置きたい場所に置けないということにもなります。単純に2DKでいいとか、3LDKでいいとかではないですね。とりわけ**新居の収納の容量は自分に合っているのか、自分が合わせられる（モノを減らすことができる）のか**ということも考慮すべきことです。

大事なことは**家をサイズダウンしたのならモノも大幅にサイズダウン**（減らす）しなければならないということ。小さく暮らすというのはモノをうんと少なくするということです。

どうしてもこれだけは譲れないというモノ以外はいさぎよく抜きましょう。わかりやすく言うとタオルやバスタオルの枚数は収納場所によっては「減らさざるを得ない」ということ。極力限界まで減らす方向で考える。使い方も考える（幅を取るバスタオルはやめてフェイスタオルにするとかね）。

使わないモノを「まだ使えるから、もったいない」と持ってきてもコンパクトにした家には入りません。

小さな靴に大きな足は入りませんよね。

片づけから解放されるとき

生前整理後の暮らしはすべてが自分らしいもの。そうありたいですね。家族が使うモノであればちゃんと家族に合ったモノを。

大事なモノを大事にする暮らし方。**家の中にあるモノはすべて愛あるモノばかり。愛して愛でて使うモノ。**

そうすると1つ1つが大切なモノになってきます。家の中にあるモノはどんな小さいモノでもここにあるべきモノとして感謝して使っていきましょう。それは誰かが考えて作ってくれたモノ。作ってくださったので私たちは使うことができたのです。「お金があるから買えたと思う」。それは違います。お金があってもモノ作りをしてくれる方がいなければここには存在しません。そのことをちゃんと理解して家にあるモノを大切に。

家の中のモノは全部好き

いままでそこになんとなくあったモノ。気合を入れて置いていたわけではないモノ。存在すら気がつかなかったモノ。それは「モノに感謝して」というのとは程遠い接し方だったですね。

これからの暮らしはモノと自分と家族、1つ1つ丁寧にきちっと向き合っていきたいですね。そうすればぞんざいな扱いもしないと思います。高かったからとか、安かったからとかで価値を決めず、みな平等にここにあるモノは愛しいモノ。残したモノは愛するモノばかりです。

モノに順位はない。これは1番めに好き、2番めに好き……ではなく、**家の中にあるモノは全部好き。**そんな暮らしがいいですね。

いま自分が必要とされている……。モノも生き生きと、あなたと共に生きていきます。

「買わない」「持たない」選択

私は60代ですので、モノのない時代も経験しましたし、特に子供のころは貧乏でしたので、モノがない上にさらにモノがない状態で生きてきました。そのころのなにもないさみしさと違って、なんだって揃ういまだからこそモノがなくても「モノがないのに幸せ」と思えるのではないかしら。

買いたくても買えないのではなく「買わない」という選択。「持たない」という選択。

これから先も「モノがないのに幸せ」状態のままでキープできるかどうかは、あなたがそれを望むかどうかにかかっています。

よくリバウンドするとか言いますが、リバウンドしてしまうのは片づけも思いも中途半端だったことで起こることです。**生前整理・あとがない！　と覚悟してやり切ったのなら絶対リバウンドはないはず**です。この片づけがどれほど大変だったかはあなた自身が1番よく知っています。

もう二度とあんな大変な思いはしたくないと思うはずです。そしていままでとは違う、心の底の底まで片づけたという自信。今後はどうでもいいモノは買わない。必要なモノを選択して買う。なにを選択するかはあなたの心が決めることですが、生前整理前と整理後のあなたは確実に違っているはずです。

片づけの期限を決める

生前整理は一番成果の出る方法でやりましょう。

生前整理をするに当たり1つ決め事を作りたいと思います。

頑張ろうと心に誓っても時には頑張れないときもあります。頑張れないときが来たとき人は弱さが出ています。やれ腰が痛い、風邪を引いたということもあるかもしれません。それは知らず知らずのうちに「やらないでおこうよ」という、面倒くさがり屋の脳がささやきだしているのです。そんなことに耳を貸してはいけません。決めたことをやっていくうちに確固たる自分になる。ゆるぎないあなたになっていきます。いつまでにしたらいいのか期限を設けなければややもすればダラダラしてしまいがちです。そこで私は考えました。「期限を設けよう」と！　そうすればその日までにやり遂げたいという気持ちが芽生えます。

とても大事なことだと思うのです。こうして**決めた目標に向かい、たかが30分ではありますが続けていけば本当に変わります。**

ぜひ、あなたの生前整理には期限を設けましょう。絶対やり遂げましょう。期限は人によって違ってきます。いまある荷物の量やモノに執着心の強い人は時間がかかります。しかし最長でもこの覚悟の生前整理の期限は1年と決めます。

1年ぐらいだったら頑張れますがそれ以上すると息切れしてしまいます。なにせ30分といえどもモノとの対峙は真剣勝負ですから。ですから2年も3年もダラダラと時間をかけません。1年以内でやってしまいます。

こうやって期限を設けると逆に未来がすぐそこにあって手が届きそうな気がしませんか。そうですよ、すぐそこです。1年なんてあっという間です。そのことはやり終えたとき「私変わったような気がする」と感じるのではないでしょうか。そうです、いままでのあなたとは違うはずです。これだけ大きい、生前整理という人生の大きな節目を乗り越えていくのですから変わるはずです。

片づいた暁には物事に不安を持ったりしない堂々としたあなたが誕生しているはずです。

あなたは1年かもしれないし、ほかの方は半年かも、またほかの方は3か月かもしれません。

有言実行型の人は紙に書いてどこか目立つところに貼り出しておくといいですね。

人に言いたくないという**不言実行型の方はそっとノートに書き留めて**おきましょう。

そしていずれの人も目標に向かって歩き出します。

この片づけはいつか片づくといった悠長なことは言っていられません。早く片づけたらそれだけ早く、心穏やかな暮らしができるのですから早いことにこしたことはありません。

こうしてスタートします。やるのはたった30分。

とにかく目標は自分で決めることですから期限を設定したらそれに向かって抜きを進めていきます。

夫婦で片づけを強要しない

片づけをしはじめるとよく「夫のモノが気になる」「夫が片づけてくれない」と夫の言動や行動が気になるようです。

それもそのはず、一緒に暮らしているのですからお互い相手のことが気になって当然です。結婚前は気づかなかった考え方も、言い方も、癖も、一緒に暮らしだせば「こんなはずじゃなかった……」みたいなこともあるわけです。

しかし**もともと他人同士、しかも男と女は全く違う生き物**です。それを同じ人間だと思ってしまうと大きな間違いが……起きます。そもそも男同士でも女同士でも兄弟同士でも、同じ人はいません。100人いれば100通り、1000人いれば1000通り、合致などしないのです。しかも親子だからわかり合って当然ということもありません。

「どうしてわからないの！」と言われてもわからないものはわからないのです。そのあたりからずれてくると喧嘩が勃発……てなことに。

なんの努力もしないでわかり合ったり、同じ価値観なんてほとんど難しいと言ってもいいでしょう。

夫婦は他人、わかっていてもつい「なによ！」と憤慨してしまうこともあります。

もともと男と女は考え方からして全く違います。一つ屋根の下で暮らす上で

わたしのお宝が……
もうすぐゴミ回収日だから!!
NO!

お互いがお互いを認め合うことが大事ではないか。**相手の良いところも悪いところもみんなひっくるめてその人だと認め、受け入れる。**

なかなか60歳を過ぎるとお互い頑固になるのか、それとも相手の言動も流せるようになるのか……。流せるようになるというのは無視とは違います。「この人はこうなんだ」とわかってあげる。それが喧嘩にならない秘訣であるように思います。

「もともとこの人とは他人なのだ」ってしっかり認識することで些細な衝突は避けられます。「こんなこと言うと怒る」とか、「こんなこと言うと喜ぶ」「こんなモノを食べたがる」、そういった「こんな」をいっぱい知ってあげると、とてもスムーズに相手を気持ちよくさせてあげられると思うのです。励ます言葉や明るい気持ちにさせる言葉を相手に投げかけてあげたら自分もいい気持ちになります。相手が喜べば投げかけたものは返ってきます。それがこだまでしょうね。

「こんなところが嫌だ」とか**「こんな言い方が腹が立つ」**とか**「すぐこんなことを平気でする」**とか、こちらサイドの気持ちを優先してしまうと、相手を認めているのではなく「私の言い分も聞いてよ」……それはひょっとして私を認めてよということになりはしまいか？ **片づけのとき、人（夫）のモノに手を出さない**というのは価値観が違うので「こんな紙切れが大事なんて知らなかった」ということにならないように、大事にならないように、極力そこは避けて通るということです。

ぶつぶつ文句を言って片づけていたのでは幸せが逃げていきます。そしてぶつぶつ言っていたのでは誰からも協力を得られません。

「なんで！　私ばっかり」「なんで！　こんなところに重ねてあるのよ！」と不機嫌をまき散らすと、せっかく片づけているのに「片づけるな」と言わせてしまいます。逆に「なんか最近楽しそうだな～」「頑張ってるな」と思ってもらえたら。

「よし！　僕のそば打ちの道具も〇〇君にやるよ、釣りも最近は行かなくなったから釣り道具、捨てるよ」と言ってくれる確率が高くなるかもです。

どうせやるなら相手を動かせるように自然に持っていければいいですね。

それには**なにも相手に強要せず、あなたはひたすら楽しそうに家の中をきれいにする**ことです。

そしてあなたはあなたで夫のモノが気にならない自分になることです。それはそんなに難しいことではないんですよ。**自分のことだけに集中していけばだんだん人（夫）のことは気にならなくなってきます。**

不器用でもいいんです。明るく片づけていきましょう。

そうそうもう一度言うわよ。

「夫婦はもともと他人なのよ」ということをお互いがわかり合いましょう。

その上でうまく付き合っていきましょう。

ゴメンネ、
もうあなたのモノは
捨てないようにするわネ！
OK!

掃除が嫌いな人はいない？

掃除嫌いな人って、本当はいないと思うのよ。家中にモノが散らかっていたら、まずはそれを**片づけなくてはならない**わよね。**実はそれが面倒で掃除が嫌いだと思っている**のじゃないかしら？　床になにもなくすいすいと掃除機をかけられたらどうでしょう？　全然平気じゃない？　想像してみて。なんにもないところなら掃除機をかけるぐらい何分もかからないわよね。たまには雑巾がけもしたいと思うかもよ。

床になにも置かなくなると掃除が楽にできるようになります。

あなたは決して掃除嫌いではなかったのです。

よし！　明日はねじり鉢巻きでもして雑巾がけでもいっちょうやりますか〜。

片づけは家族の自立

家族にとって1人1人が自立するよう教育していくことは大事なことです。お母さん、あるいは妻がいなければなにもできないでは困ります。それぞれが大人になっていく過程で（夫はすでに大人です）、きちんと家のことが任せられるように日ごろから教え込んでいきましょう。

夫が先に旅立つのか、自分が先に旅立つのか、先のことはわかりません。もし、妻が先だったとしたら残された夫はどうなるのでしょう。

なにも知らなければものすごく大変です。どこになにがあるのかさえわからない。一切のことを妻が担っていたとしたら、妻の突然の死は夫にとって精神的ショックだけでなく、実生活でも闇の中に呆然と立ち尽くすことになります。それではかわいそうです。大切なご主人のために今日から少しずつ「茶碗はこよ」「あそこのお箸取って」って、ご主人に知らず知らずのうちに置き場所を教えてあげてください。

いつかわからないからこそ、日常から少しずつ伝えていきましょう。

片づけが終わったら「心地よい自分の時間」

あれもしなければこれもしなければと思い煩わないこと。これから先は自分に負荷をかけない生き方、楽な生き方ができます。モノをたくさん持とうとしなければ負荷はかかりません。**不要なモノがなければ余分なモノを片づけなく**

てもいいし、メンテナンスもしなくていい。

家も心も驚くほど身軽になります。

これからは自分の時間を大切にし、こだわることもこだわらないことも、はっきり自分の意志で自由に選ぶことができるようになります。

負荷をかけない生き方をしてみましょうね。あなたが変わればまわりの人も変わり、子供たちも伸び伸びと成長し、世界も変わるのではないかと思います。

1人1人は小さいですが、個人個人が意識すれば世界も変わると私は信じています。

ちっぽけな日本の1軒からでもモノを大事に、資源を大切にする暮らし方に変わっていければ、なにかが動くかもしれません。

極楽ゥ
ハァ〜〜
これが終われば…

モノを減らせば減らすほど見えてくるもの

どうして捨て切れないほどモノがあったのでしょう。

これは『欲』ではないかしら。モノを持ちたいという所有欲。人が持っているモノは自分も持ちたい。人と違ったモノを持ちたい……どれもみな『欲』です。**モノを抜いていくと所有欲がだんだんばからしく思えてきます。**

「なんでこんなモノ買ったのだろうか?」とか、「これなんに使った?」と自分ではなく、知らない人を見るかのようです。そしてだんだんそれらのモノが減っていけばもう「欲張らないで生きていきたい」と思うようになります。

モノを買っていたときは自分は欲張りだとは決して思っていないはずですが……それでもここまで**モノを捨てるとそんな(欲張らないで生きていきたい)**

ピュアな心が生まれてきます。

モノがなくなれば部屋が広くなってルンバも動きやすくなるというものです（我が家にはルンバはいませんが）。**掃除もしやすくなるし、モノがないことで部屋の景色も違ってきます。**そして大事なことがもう１つ。

気持ちがいつもざわつかずさわやかになって、**家がだんだん居心地のいいものに**なってきます。

おわりに
「モノがなくても幸せです！」

母が２０１５年７月に亡くなりました。この本の元本が出版された年です。母の人生を娘として見たとき、生きるということは本当に大変であるけれど素晴らしいことだと思いました。戦争を経験し、夫を亡くし、そしてしたたかに生きていく。昔の女の人の力強さがありました。母は父と再婚し苦労しながら（この時代の方はみなさん多かれ少なかれ苦労されました）、私を大きくしてくれました（母の背中を見て育ちました）。貧乏でモノのない時代を経験しました。

幼いながら私もモノもなくお金もなかったので貧乏が身に染みました。ですからもっと豊かになりたいと人一倍願ったものです。

母は父が亡くなったとき、父のモノを黙って黙々と1人で処分していました。亡くなった父はきれい好きでどこになにがあるかきちっとしていました。母も片づけやすかったのかもしれません。

そして母には娘の私が生前整理を勧め、不要品を見つけては処分してくれて、せっせとできることをしてくれていました。「これ欲しい？」と言ってくれましたが、私も同じようなモノを持っていますので「いらない」と言うと、「もったいないけどじゃあ捨てるわ」と分別してくれていました。

本当は私が手伝ってあげればよかったのですが、私には持病があり（当時母のほうがずっと元気でした）、お手伝いすることができませんでした。ですから母は私に頼らずできることをしてくれていたのです。きっとたくさんのモノを処分したはずです。

そののち、82歳で脳出血で倒れ、右半身麻痺という病気になり車いす生活を余儀なくされました。

私は母の病気が発症してから1年以上母の荷物に手が付けられませんでした。人は生きている間、モノがなくては生きていけません。食器やお箸、鍋にフライパン、洋服に下着、布団にテレビ……さまざまなモノが必要です。当時2DKの母の部屋には私たちと同じような荷物、テレビや冷蔵庫、洗濯機、掃除機、タンスなどがありました。これはどこの家でも普通にあるものです。しかし、もうここに母がいなくて、もうここに戻れないとわかっていても、私はなかなか片づける踏ん切りがつきませんでした。

母は生きているけれども二度とここには戻れないという事実を受け入れることができず、私はそのまま動くことができませんでした。しかしこのまま置いていても毎月の家賃はかかるし、電気や水道などもたまに家に行くので止めずにおりましたのでそのままではお金がかかってしまい……。

もったいないということでやっと片づける決心をしたのです。

私がお勧めする理想的な生前整理は親より先に自分の生前整理をしてしまうことです。自分のときに悩んだり、苦しんだりして処分してきたことで親のモノを処分するとき、気持ちが整理され辛い思いをせずに済みます。

むしろ自分の生前整理のほうが大変かもしれません。今回は自分の生前整理についてお話しさせていただきました。

私自身、自分の始末（生前整理）は自分でしたいという思いが強く（娘たちには極力手を煩わせたくない）、早くから片づけはじめて今日に至っております。

自分の生前整理をすることにより、母のモノも、いるいらないの選別に悩まずに処分できました。近所の人に使えるモノは持って行ってもらいました。

母が亡くなったとき、母の母（祖母）の形見の着物を身にまとい、私が作った着物は着替え用にと棺に入れました。結局母のモノで残していたのはこの着物2枚だけでした。あとは病院で使っていたおむつやタオル、パジャマだけでした（母が使っていた虫眼鏡などはおいちゃんが、母が使っていたクッションなどは長女が、欲しいモノとして形見分けしました）。

人はみな自分の人生を生きていきます。

年が違えば生きてきた時代が違います。私たち60代はモノのない時代からバブル期を経験し、またいまの子供たちとは違った生き方をしてきました。いまの子供たちは将来が見えない状況でもあります。

時代背景で人生も変わります。好きとか嫌いではかれないものだと思います。否応なくその時代時代で生き方もおのずと変わっていきます。戦争を経験してきた親世代の思いはとても辛かっただろうと思うと晩年母のことを心から愛し、できることを精いっぱいしてあげたいと思っていました。母とこうして母の最期まで一緒にそばにいられて幸せでした。母は最期、おいちゃんが仕事を辞めたと聞いて「何年勤めたの？」「40年勤めたよ、おかあちゃん」とおいちゃんが言うと「そう、偉かったね。お疲れさんでした」と言ってくれ、「仕事辞めたらさみしいやろ?」と母が尋ねると、おいちゃんは「○○ちゃんと一緒にいれるからさみしくないよ」と言うと、「そう」とにっこり。それはそれは（娘の私のことを想ってくれたに違いない）優しい笑顔でした。最近では見たこともないとびっきりの笑顔で、亡くなったいまもその笑顔が母の1番の思い出となっています。そのときおいちゃんはなにも言わず涙目でじっと母の顔を見ておりました。私も同じでした……。もう誰もなにも言う必要のない温かい時間でした。

私もこうありたいなと思いました。愛され、愛する気持ちを持ち、できないことは意地を張らずまわりに任す。しかしいまできることを精いっぱいしていることを実はまわりの人たちは見ているということ。その様子はそれぞれの今後に反映されていきます。なにもせずほったらかしでは残された者は腹立たしく、いろんな場面でその気持ちが反映されます。それが人間でもあります。誰のせいでもありません。すべて自分です。親世代になった私たちは生前整理をすることで残された人生が自分の思い描く人生の終末期まできちっと反映されること。この片づけがあなたの今後の人生を変えるということを心に留め、一生懸命片づけていただけたらいいなと思います。

「モノがなくても幸せです」

これが私の終始変わらぬ思いです。

モノが多いことで悩むことがないよう、なにがあっても身軽にひょいひょい心軽やかに生きて行ければいいですね。

あとがき

このたび老前整理、生前整理の実践編のお話をいただき、制作にあたりイラストレーターの伊藤ハムスター様や編集の本田道生様にはひとかたならぬお力添えをいただきました。ありがとうございました。

お話をいただいてからどうしたらこの生前整理という私たちにとっての大仕事がうまくいくのか考えました。

これは普段の片づけではない。覚悟を決めて片づける。そんなことを考えながら。

一気にするのが苦手、長く集中できない、どうすればいいかわからないという3つの難関を紐解いていくようにお話しさせていただきました。

やるもやらないもあなたの心が決めること。

「やる!」と決めたらとことん頑張って心が軽くなる自由な暮らしをあなたの手に勝ち取っていただきたい、という願いを込めて書き上げました。

いったん片づいてしまうと過去に引きずられることもなく、ありもしない未来におびえることもありません。ありのまま、いまを大切に生きること。そのための片づけです。未来も、過去も大丈夫。

心はいつもいまにある。

この片づけが終わったあと、きっとあなたは言いようのない喜びで心がいっぱいになるはずです。

これから先はゆるくゆっくり生きることもいいですね。

もう片づけに悩むこともありません。あなたは自由です。

モノがない生活は何物にも縛られることはありません。人にもモノにも時間にまでも。
これから先はもっともっと軽やかに生きていきましょう。
あなたの幸せを祈りつつ。
最後に、この本を享年93歳で亡くなった最愛の母に捧げます。

ごんおばちゃま

【普及版】
あした死んでもいい片づけ 実践!
覚悟の生前整理

著者　ごんおばちゃま

2020年6月15日　初版第1刷発行

発行者　笹田大治
発行所　株式会社興陽館
東京都文京区西片1-17-8 KSビル
TEL：03-5840-7820
FAX：03-5840-7954
URL：https://www.koyokan.co.jp

装丁　mashroom design
カバー・本文イラスト　伊藤ハムスター
校正　新名哲明
編集補助　中井裕子
編集人　本田道生

印刷　恵友印刷株式会社
DTP　有限会社天龍社
製本　ナショナル製本協同組合

ISBN978-4-87723-258-0 C0077

さあ、次は「暮らしかた」全般です!!

あした死んでもいい暮らしかた

ごんおばちゃま

本体 1,200円+税

ISBN978-4-87723-214-6 C0030

「身辺整理」してこれからの人生、身軽に生きる! こうすれば暮らしがすっきりする「具体的な 89 の方法リスト」収録。

「いつ死んでもいい暮らし方」でスッキリ幸せ!

片づけ入門の入門書！ この一冊で基本はOK

あした死んでもいい30分片づけ
【完本】すっきり！幸せ簡単片づけ術

ごんおばちゃま

本体 1,200円+税
ISBN978-4-87723-219-1 C0030

８年前に出版された『すっきり！幸せ簡単片づけ術』を､大幅リニューアル。新たに、和室や子供部屋、広縁、廊下、収納庫、納戸（屋根裏も含む)、などをプラスしました。